VIEILLIR ET SE RÉALISER PLEINEMENT

DU MÊME AUTEUR
(aux Éditions Bellarmin)

Le feu sous les cendres, 1998.
Vivre dans la lumière, 2001.
Ce que je crois, 2003.
De l'épreuve à l'espérance, 2004.
Au cœur du monde, 2006.
L'amitié entre femmes, 2007.

Joan Chittister

VIEILLIR ET SE RÉALISER PLEINEMENT

traduit de l'anglais par
Jean Chapdelaine Gagnon

BELLARMIN

Catalogage avant publication de Bibliothèque et Archives nationales du Québec et Bibliothèque et Archives Canada

Chittister, Joan

Vieillir et se réaliser pleinement

Traduction de : The Gift of Years.

ISBN 978-2-89007-999-1

1. Personnes âgées – Psychologie. 2. Personnes âgées – Morale pratique.
3. Vieillissement. 4. Personnes âgées – Attitudes.
5. Personnes âgées – Vie religieuse. I. Titre.

HQ1061.C46514 2009 305.26 C2009-940233-5

Dépôt légal : 3e trimestre 2009
Bibliothèque et Archives nationales du Québec
Titre original : *The Gift of Years. Growing Older Gracefully*

Publié en accord avec United Tribes Media Inc., New York, NY 10001, U.S.A.

Les Éditions Bellarmin reconnaissent l'aide financière du Gouvernement du Canada par l'entremise du Programme d'aide au développement de l'industrie de l'édition (PADIÉ) pour leurs activités d'édition. Les Éditions Bellarmin remercient de leur soutien financier le Conseil des Arts du Canada et la Société de développement des entreprises culturelles du Québec (SODEC). Les Éditions Bellarmin bénéficient du Programme de crédit d'impôt pour l'édition de livres du gouvernement du Québec, géré par la SODEC.

IMPRIMÉ AU CANADA EN AOÛT 2009

Ce livre est dédié à
Eunice Kennedy
dont la vie
– des plus pleinement vécue à chaque étape –
a donné vie à plusieurs
et est un modèle pour nous toutes.

INTRODUCTION
Le but de la vie

C'EST UN MATIN DE JANVIER dans le comté de Kerry, en Irlande. Au large d'îles escarpées en contrebas, l'océan Atlantique bouillonne d'écume et des lames d'eau déchaînées se fracassent sur de minuscules îlots en leur centre houleux. Les tempêtes des deux dernières nuits ont détrempé les coteaux auxquels s'accroche le petit cottage de pierre irlandais, laissé les branches d'arbres nues encore dégoulinantes des heures plus tard, gonflé le maigre ru d'eau sous mes fenêtres qui dévale furieusement le flanc de montagne jusqu'au fond de la vallée. C'est un jour d'hiver comme un autre dans le Kerry.

Pas comme un autre pour certains. Dans les quarante-huit dernières heures de vent hurlant et furieux, cinq pêcheurs irlandais et leur chalutier ont été portés disparus. Ce matin, on les a déclarés morts et la mer est encore trop grosse pour qu'on tente même de récupérer leurs corps.

Qui ils étaient et quel âge ils avaient, je l'ignore. Mais je sais une chose : la vie et le temps sont pour nous tous des réalités insaisissables. Elles nous appartiennent – et nous échappent en même temps. Certains d'entre nous, comme ces trois pêcheurs surpris par la tempête saisonnière, la quittent sans préavis. Pour la plupart, et c'est le cas pour vous et moi, nous avançons pas à pas dans la vie, sûrs d'une part qu'elle ne finira jamais et certains d'autre part qu'elle finira fatalement bientôt pour nous.

C'est dans ces moments de conscience paisible qu'il importe d'aborder de front ce que signifie vieillir, être plus vieux, se faire vieux, devenir un aîné dans la société. Il est important que l'âge ne fasse pas obstacle en nous à la force d'attraction de la vie. Mais vivre n'est pas que subsister. Vivre, c'est devenir plus que ce que nous mangeons, c'est être tout ce que nous pouvons être. Quelle que soit notre occupation, quel que soit notre âge, quel que soit notre rang dans l'échelle socioéconomique.

Ce livre s'adresse à ceux qui sont au bord de la « vieillesse », ceux qui viennent tout juste de recevoir un premier envoi postal de l'Association des retraité(e)s et qui, se sachant jeunes et en santé, en sont des plus surpris.

Mais ce livre s'adresse également à ceux qui s'intéressent à leurs parents et aux questions diverses que peut susciter en eux la vieillesse. Il s'adresse aussi à ceux qui veulent se pencher sur les effets graduels du processus de vieillissement dans leur vie intime.

Ce livre s'adresse enfin à ceux qui ne se « sentent » pas vieux, quel que soit leur âge chronologique, mais sont soudain conscients, avec une sorte d'étonnement stupéfait, de n'avoir pas réussi à se soustraire à cette réalité. Ils sont plus vieux qu'ils n'avaient jamais pensé pouvoir le devenir. Les jeunes autour d'eux les appellent maintenant « les anciens », « les aînés », « la vieille génération », voire « les personnes âgées », en dépit du fait qu'eux, à l'intérieur d'eux-mêmes, ne se sentent pas différents aujourd'hui de ce qu'ils étaient l'année dernière.

Si ce n'est, bien entendu, pour le nombre des ans. Et c'est finalement tout ce qui compte.

Ils sont vieux, effectivement, de jour en jour plus vieux. À tout le moins si l'on s'en tient aux jours du calendrier. Au fond d'eux-mêmes, ils savent qu'ils quittent une partie de leur vie et passent à une autre, qu'ils se cramponnent à la première sans pouvoir s'empêcher de glisser dans la suivante. Et ils ignorent ce qu'il faut en penser. Serait-ce la fin de tout ce qu'ils savent être épanouissant, bon dans la vie, et devraient-ils simplement accepter l'inévitable, se résigner à leur état de fatigue ? Ou bien serait-ce seulement le début d'une toute nouvelle sorte de vie ? L'heure de l'absence de but aurait-elle sonné pour eux ? Le but de la vie commencerait-il seulement maintenant à leur apparaître ? Comme plusieurs d'entre nous pourraient passer presque autant d'années hors des rangs de la population active que dans ses rangs, il est certainement nécessaire, certainement indiqué de réfléchir à ce que réservent ces années, à ce qu'elles commandent, à ce qu'elles ont à offrir à tous. Encore faut-il savoir quoi y chercher lorsqu'elles se présentent.

La plus grave faiblesse de ce livre pourrait bien être que je suis probablement trop jeune pour l'écrire. Après tout, je n'ai que 70 ans. Par souci de totale transparence, je me réserve donc le droit de le réviser quand j'en aurai 90.

Pour l'heure, je décrirai néanmoins ce que l'on ressent à faire face à cette période de la vie pour laquelle n'existe pas de plan de carrière.

Je décrirai ce dont j'ai été témoin chez les personnes plus âgées avec lesquelles j'ai partagé ma vie et qui s'emploient à vivre ces années vitales, postérieures à celles que la plupart des gens appelleraient leurs années « productives ».

Je décrirai la transition vers cette dernière période du développement humain et le moyen de la vivre comme un sommet de la vie.

Il existe trois catégories de « vieux » dans notre société, nous apprennent les gérontologues. Il y a la prime vieillesse, de 65 à 74 ans ; la grande vieillesse, de 75 à 84 ans ; et l'ultime vieillesse, à compter de 85 ans. Si ces trois catégories ont beaucoup en commun, chacune d'elles fait simultanément face à des problèmes spécifiques.

En réalité, on sait encore relativement peu de choses de la vieillesse, contrairement aux premières années de la vie — de la naissance à 21 ans. De fait, la gérontologie comme science — l'étude des aspects biologiques, psychologiques et sociologiques du vieillissement — n'a même vu le jour qu'après la Deuxième Guerre mondiale. Jusque-là, on ne s'intéressait à l'âge que dans l'espoir de trouver des moyens de prolonger la jeunesse ou d'inverser les effets du vieillissement. Mais la gérontologie néglige encore les dimensions spirituelles de la seule partie de la vie qui nous fournit les ressources nécessaires pour procéder à une évaluation à long terme de la nature et du sens mêmes de la vie.

Je traiterai de la vie par-delà sa dimension physique, dans son évolution spirituelle. En fait, à mesure que s'amoindrit la dimension physique de la vie s'amplifie généralement sa dimension spirituelle. Mais je ne traiterai pas ici des changements physiques qui s'opèrent avec l'âge — si importants et si cruciaux soient-ils. Je traiterai plutôt des attitudes d'esprit et d'âme avec lesquelles nous abordons ces défis qui déterminent réellement qui nous devenons en passant d'une étape du vieillissement à la suivante.

Je ne traiterai pas de la mort elle-même. Mort et vieillesse ne sont pas synonymes. La mort peut arriver en tout temps. La vieillesse n'arrive qu'aux seuls vrais bienheureux. J'expliquerai, bien entendu, ce que veut dire savoir sciemment et clairement que nous nous rapprochons nous-même de plus en plus de ce moment.

Je parlerai de vous et de moi, de la portée de cette période pour toutes les années derrière nous et toutes les journées devant nous. Et elles seront nombreuses.

Pour bien plus de gens qu'on ne l'imagine, le don des ans est la découverte que ces dernières années *sont* une grâce et non un fardeau. Il n'est toutefois pas donné à tous ceux qui les vivent de les comprendre et de les accueillir. L'entreprise d'embrasser les bénédictions de cette période et d'en surmonter les fardeaux est le sujet de ce livre. Et telle est la mission spirituelle des dernières années de la vie.

C'est une période spéciale de la vie – peut-être la plus spéciale de toutes. Mais en sont indissociables les craintes et les espoirs de toute une vie. Pour bien vivre ces années, il faut considérer chacune de ces craintes et chacun de ses espoirs avec audace et vivacité. La vie n'est pas affaire d'âge, n'est pas affaire du nombre d'années que nous avons réussi à en tirer. Elle est affaire de vieillissement, affaire d'immersion dans les valeurs proposées à chacune de ses étapes. Comme l'écrit E. M. Forster : « Pour avoir la vie qui nous attend, il faut être prêt à renoncer à la vie que nous avions projeté d'avoir. »

Il est temps de nous délester de nos fantasmes de jeunesse éternelle et de nos craintes de vieillir pour découvrir la beauté de ce que signifie bien vieillir. Il est temps de comprendre que le dernier épisode de la vie n'est pas privation de vie ; c'est une *nouvelle* étape de la vie. Ces ultimes années – raisonnablement actives, mentalement alertes, pétries de curiosité et d'expérience, socialement importantes et spirituellement enrichissantes – sont censées être de bonnes années.

Mais la dimension la plus importante d'un vieillir harmonieux tient peut-être à la prise de conscience que vieillir sert à quelque chose. Le grand âge a une raison d'être, quel que soit notre état de vie, quelles que soient nos ressources sociales. Chaque étape de la vie porte en elle un objectif, et celle-ci ne fait pas exception. « Le soir de la vie apporte avec soi ses lumières et sa lampe pour ainsi dire », écrit le moraliste français Joubert (*Pensées*, Année 1808, p. 226). La vieillesse illumine – pas seulement nous, si important cela soit-il ; mais aussi notre entourage. Il nous incombe d'en prendre conscience. La période terminale de la vie est en fait l'une de ses meilleures, l'une de ses plus importantes. Il faut se demander : pourquoi ?

Qui d'entre nous n'a pas entendu très souvent le refrain : « nous n'avons qu'une vie à vivre » ? La vie, si l'on en croit cette formule, décrit nécessairement une ligne sans bris et sans fin ; ce que nous avons fait hier, comme ce que nous faisons aujourd'hui, est impossible à défaire. Les répercussions, sur une vie, de ce genre réflexion peuvent être dévastatrices. Elles coulent le futur dans le béton, figent en mesures éternelles nos succès ou nos échecs, court-circuitent irrémédiablement l'avenir. Somme toute, si chaque geste détermine le suivant, il n'y a ni nouveauté ni changement. Il n'y a que le temps biologique, l'indébrouillable et implacable prédestination du jour après jour. Ce qui est maintenant détermine ce qui est à venir.

Mais ce n'est pas là ce que j'ai éprouvé. Au contraire. Ma vie n'a été qu'une succession de nouveaux commencements.

Maintenant dans ma septième décennie, je sais pourquoi je n'ai jamais accordé beaucoup de crédit à la notion que la vie serait le perpétuel prolongement d'hier. En fait, cette idée m'inspire un profond malaise. Il s'agit de l'une de ces rengaines qui, insistent les adultes, n'a rien d'une rengaine – mais que les jeunes débusquent comme des chiens d'arrêt à l'affût. Cela voudrait dire que toute décision prise par une personne, en quelque situation que ce soit, sauverait ou ruinerait à jamais sa vie. Comme si la « vie » était une sorte de moment monochromatique aux parties indivisibles et dont chaque fragment présent prédéterminerait le futur.

La vérité vraie, en suis-je venue à penser, c'est qu'avoir une seule vie à vivre est une vue de l'esprit. Le fait est que chaque vie est carrément une succession de vies dont chacune a sa mission, sa saveur, sa flétrissure d'erreurs, son type de péchés, ses splendeurs, sa mesure de désespoir profond et transi, sa profusion de possibles, et toutes ces vies sont destinées à nous conduire au même dénouement : le bonheur et le sentiment d'accomplissement.

La vie est une mosaïque composée de pièces multiples dont chacune se suffit à elle-même et dont chacune sert de tremplin pour passer aux suivantes.

Il m'est maintenant des plus évident que chacune de nos vies indépendantes, si inséparables soient-elles d'une ligne de vie ininterrompue, est une unité discrète. Chacune d'elles est distincte, est en vérité une partie de la totalité de la vie particulièrement susceptible d'être appréhendée. Chacune d'elles fait de nous un nouvel être. Et chacune d'elles a un objet.

D'abord, on maîtrise la réalité du fait d'être en vie. On apprend à parler, à marcher, à ne pas renverser les objets, à ne pas pousser de grands cris ni à taper du pied en disant « NON ! », si forte soit l'envie qu'on en a.

À la phase suivante, on apprend à être un élève et à se faire des amis. Ou peut-être apprend-on qu'on n'arrive pas à se faire des amis, que quelque chose en soi déplaît simplement aux autres. Au bout du compte, on rate peut-être ainsi sa chance d'être de la bande. On réussit cependant à se fabriquer en lieu et place une bien plus solide carapace d'amour-propre à partir d'un incorruptible noyau en soi qui martèle qu'on est quelqu'un de bien, peu importe qui dit le contraire. On commence à découvrir un « moi » en soi.

Finalement, on grandit. Les autres déclarent qu'on est un adulte. Et, fait assez intéressant, on pense vraiment l'être.

Alors on acquiert du crédit dans un domaine, soit par l'autorité de quelqu'un soit par ses expériences de vie. On devient commis vendeur ou gérant, chef cuisinier d'un petit resto ou dermatologue, pompier ou enseignant, assistant dentaire ou soudeur. On a une carrière, une profession, un métier, un coin du monde où inscrire sa présence. On fait la connaissance d'une personne dont la vision de la vie s'accorde à la sienne ; on trouve un partenaire dont l'énergie égale la sienne et lui donne chair ; on fonde une famille et on s'installe ensemble pour de longues années. Ou bien l'on choisit la vie de célibataire pour bourlinguer, pour voir le monde, pour se consacrer à une carrière ou un ministère. Quel que soit le cas, si on a de la chance, on a un but.

Assez souvent ce qu'on apprend sur la vie dans cette phase se perd dans la fièvre de toucher au but. On se démène pour trouver un travail et le conserver. On trouve des emplois, quitte des emplois, perd des emplois. On s'échine à payer une maison, à obtenir un diplôme, à s'assurer une sécurité dont cette culture aime à penser qu'elle durera jusqu'à la fin.

Jusqu'à ce qu'on soit inopinément rattrapé par le temps. Ne reste plus maintenant que tant d'années pour rembourser l'hypothèque. Ne reste plus que tant d'années pour planifier la retraite. Alors se succèdent en cascade les réductions d'effectifs et les fermetures d'entreprises ou, pour certains peut-être, les promotions, les primes à la productivité et les jalons de la réussite professionnelle.

Puis, tout aussi simplement que cela a commencé, c'est terminé. Voici le premier chèque de pension de vieillesse ou le ticket de transport en commun à tarif réduit. Voici la retraite – ce sentiment de liberté qui, pour plusieurs, peut tout aussi soudainement se transformer en sentiment d'inutilité forcée.

Voici la morne et haute muraille qu'on appelle « les dernières années ».

Les universitaires rédigent des articles savants sur l'état psychologique ou les changements physiologiques qui caractérisent ces années. Mais, quand nous passons d'une phase de notre vie à la suivante, nous savons seulement que vieillir n'est qu'affaire de vieillir.

À quoi tout cela rime-t-il ? « En vieillissant on devient plus fou, et plus sage », dit La Rochefoucauld (*Maximes*, n° 210).

Alors laquelle de ces deux réalités primera ? Quel est l'objet de toutes ces années en supplément, de ces années hors des systèmes, au-delà les institutions professionnelles ? Est-ce l'heure de l'agonie ? Ne reste-t-il qu'à attendre la mort ? Et si oui, comment est-il possible d'y faire face avec quelque espèce de joie, quelque espèce de dignité ?

Je ne puis être sûre que de ce que je vois autour de moi. Jadis maîtresse couturière, Margaret cherche encore du travail à 95 ans. « Ma boutique est ouverte », dit-elle sans cesse à l'affût de pantalons neufs dont il faut faire l'ourlet pour des amis, de nouvelles tentures à coudre. Elle parle à tous ses voisins, leur rend visite quand ils négligent de passer la voir. Elle lit, écoute de la musique. Elle reste en rapport avec d'anciennes élèves. Elle suit de nouveaux cours sur disque compact. Elle vit. Quelque chose dans sa personne sanctifie le temps, le rend productif plutôt que stérile. Elle me permet d'entrevoir une partie de ma vie que je ne peux encore voir. Elle m'apprend que la vie ne se mesure pas en années.

Chaque période de la vie a sa raison d'être. Et la dernière me fournit le temps d'assimiler toutes les précédentes. La fonction de cette période de la vie, m'enseigne Margaret, n'est pas que de supporter l'approche de la fin du temps. Elle est de me rendre vivante comme je ne l'ai jamais encore été.

Ce livre se penche sur les nombreuses dimensions du processus de vieillissement, sur son objet et ses défis, ses combats et ses surprises, ses difficultés et ses potentialités, ses peines et ses joies. Il traite de l'impression de rejet qui naît du sentiment d'être déconnecté du reste de la vie. Il examine la différence entre faire et être, affirme que tous deux sont des dimensions importantes de la vie, sont essentiels au tissu de la vie, sont censés être des cadeaux à la société – plutôt que l'un important et l'autre insignifiant. Il se penche sur la tentation de nous isoler des changements qui surviennent tout autour de nous. Il se penche sur ce qui nous arrive à mesure que de vieilles relations prennent fin ou basculent, se transforment, disparaissent au profit des nouveaux individus et défis nombreux venus prendre leur place. Il traite de la crainte de demain et du mystère de l'éternité. Il propose des manières de supporter tout ça. Il fait le tour des questions vitales qui émergent avec l'âge pour nous amener à la plénitude de vie, pour faire de nous des êtres neufs.

Il ne faudrait pas lire ce livre d'un trait ni même dans l'ordre des chapitres. Il faudrait le goûter comme les dernières années elles-mêmes, plus lentement, plus mûrement, plus gravement. Un thème à la fois. Il faudrait le lire encore et encore, ne serait-ce que pour prendre le pouls de la vie à mesure que nous passons d'un problème au suivant, d'une décennie à la suivante.

Voici les années du couronnement, le moment où une toute nouvelle vie est une fois de plus en gestation. Mais le don de ces ans n'est pas simplement d'être vivant, c'est le don de devenir plus pleinement vivant que jamais.

REGRET

Bilan de vie

« NE RESSASSE PAS tes erreurs et tes échecs passés, écrit le *swami* Sivananda, cela ne peut que charger ton esprit de chagrin, de regret et de spleen. »

Le regret, qui est l'un des fantômes du vieillissement, se présente un jour à nous sous les traits de la sagesse, l'air pensif et rassis, sensible et responsable. Il nous pousse à regarder en arrière. Il nous presse de remettre en question tout ce que nous avons fait : j'aurais dû écouter ma mère… ; j'aurais dû poursuivre mes études… ; j'aurais dû attendre avant de me marier… ; j'aurais dû choisir un autre champ de spécialisation… ; j'aurais dû changer d'emploi… ; j'aurais dû passer plus de temps avec les enfants, avec la famille, à la maison… ; j'aurais dû fuir cet endroit, cette ville, cette vie étriquée, étourdissante ou assommante, nous chuchote-t-il.

C'est un exercice éreintant. Il est aussi périlleux.

Il triture l'esprit ; la lassitude qui s'ensuit nous pèse. Les années ont filé sans que nous n'y prenions garde. Et il est maintenant trop tard pour procéder aux changements que réclame le regret. Trop tard pour faire ce voyage dont j'ai toujours rêvé, trop tard pour dénicher un autre emploi, trop tard pour emménager dans une cabane en forêt, trop tard pour aller vivre dans la métropole où tout est sûrement plus grand, plus animé, plus agréable. Trop tard pour recommencer, pour mieux faire cette fois. Pire encore, le regret réclame de savoir pourquoi j'ai bien pu faire d'ailleurs ce que j'ai fait. Et je l'ignore.

Cette compulsion à regarder en arrière, à m'expliquer à moi-même et aux autres pourquoi j'ai fait ce que j'ai fait — ou, pire, à justifier pourquoi je n'ai pas fait autrement — est l'un des plus sûrs chemins vers la dépression. Dans son livre, *Healthy Aging*, le docteur Andrew Weil écrit que nos pensées, nos émotions, nos attitudes sont les « facteurs clés de la manière dont nous vieillissons ». Elles peuvent menacer la qualité du temps que nous évoquons dans le présent.

« C'est presque la fin, entendons-nous au fond de notre cœur, et qu'avons-nous fait du temps ? » Lentement, furtivement, le passé retient peu à peu autant notre attention que le présent. Parfois même davantage.

Mais le passé n'est pas seul à nous décevoir lorsque le regret se met de la partie. La rumination se glisse aussi dans le présent. Elle empoisonne l'immédiat. Elle adopte un rythme différent du nôtre. Où que nous soyons dorénavant, quoi que nous fassions, nous aurions pu faire autre chose. De plus satisfaisant. De plus important. De plus estimable.

Puis l'idée des choix d'hier — de ce que nous n'avons pas fait — commence à ternir l'éclat de ce que nous avons fait.

La pensée de ce que nous aurions pu être ronge le cœur. Elle se prétend réflexion, une sorte de bilan des années. Mais on l'éprouve bien davantage au plus intime de soi comme un échec que comme une interprétation.

Qu'avons-nous fait de notre vie ? Que sommes-nous devenu ?

Nous nous surprenons en train de reconsidérer peu à peu tout ce que nous avons fait. De vieux amis réapparaissent un jour et nous nous mettons à juger notre vie à l'encontre de la leur. Nous ne nous arrêtons pas tant à ce qu'ils ont fait qu'à ce que nous-même n'avons pas fait.

Tout ce travail porte des coups très durs au noyau même de notre vie. Pourquoi avoir fait ceci, ne pas avoir fait cela, avoir écarté une autre voie ? Les lumières de l'âme commencent à baisser. La vie prend une teinte grise que nous ne lui connaissions pas. Nous nous soumettons nous-même au jugement dernier – et nos échecs nous inspirent de la crainte.

Le regret se prétend lucidité. Mais comment nier le bon côté de ce qui a été, par amour pour ce qui n'a pas été, pourrait-il être de la lucidité spirituelle ? Non, le regret n'est pas lucidité. Il est en fait le terrain mouvant de l'âme. Il ne peut comprendre que plusieurs chemins, tous différents et tous uniques, mènent à la plénitude de vie.

Au départ, s'adonner au regret paraît assez anodin, assez innocent, mais l'exercice est d'une nature impitoyable. Le regret nous entraîne, lourd et trempé, au centre de nous-même, nous piège dans l'imaginaire. Il crée une vie inventée de toutes pièces, déplore celle que nous avons. Il consacre du temps précieux à ce qui n'a pas été plutôt qu'à ce qui est.

Le regret est une tentation. Il nous induit à convoiter ce qui n'a jamais été plutôt qu'à accueillir avec une énergie nouvelle notre présent capricieux. Il est un mauvais usage du processus de vieillissement. L'une des fonctions – l'un des dons – du vieillissement est de devenir bien aise du moi que nous sommes plutôt que de pleurer celui que nous ne sommes pas. Quand nous dévalorisons le moi, nous mettons en question, en doute tout ce que nous sommes et avons été. Nous doutons du Dieu qui nous a fait et qui marche avec nous jusqu'à la fin.

Mais le regret associé au vieillissement peut être aussi la grâce même dont nous avons besoin pour nous reconnecter à l'énergie à laquelle nous devons d'abord d'être parvenu à cet instant. Le regret présente deux faces : c'est une chose de déplorer nos échecs, c'en est une autre de nous repentir de nos choix de vie.

Quand nous avons la nostalgie des routes qui nous ont conduit où nous sommes maintenant, nous risquons que le futur nous échappe. Nous le vidons d'une nouvelle possibilité. Nous refusons de voir que les nouvelles routes où nous cheminons pourraient être tout aussi vivifiantes, tout aussi propices pour nous, tout aussi riches de Divin-isation que les routes pratiquées par le passé.

Par ailleurs, quand nous déplorons d'être en train de faire ce que n'aurions jamais dû faire – nuire à la réputation d'un semblable, malmener une personne que l'on aime, trahir la vérité pour obtenir avancement ou approbation, profaner son corps jusqu'à l'avilissement physique ou psychoaffectif –, nous savons que nous sommes devenu quelqu'un d'estimable. C'est un moment de grande illumination lorsque nous nous rendons compte que les années nous ont mûri autant qu'elles nous ont nourri. Nous avons maintenant bien plus de substance que nous n'en avions dans notre jeunesse, quoi que nous ayons fait dans le passé, où que nous ayons été au moment de le faire.

Les pointes de regret sont en effet un tremplin dans la vie. Elles nous invitent à revisiter les idéaux et les motifs qui nous ont mené là où nous sommes maintenant. Elles nous rappellent les gens que nous avons aimés, l'orientation qui a guidé nos pas, les engagements que nous avons pris et tenus. Les choix que nous avons arrêtés dans le passé ont fait de nous la personne que nous sommes aujourd'hui. Les routes que nous n'avons pas empruntées auraient peut-être abouti au même résultat. Mais peut-être aussi que non.

Quoi qu'il en soit, réaliste et plus conscient de ce que les années nous ont apporté que du contraire, nous pouvons maintenant comprendre pourquoi nous sommes qui nous sommes.

Nous devons à tout prix regarder en arrière. Nous devons à tout prix nous demander pourquoi nous sommes qui nous sommes. Et nous devons aussi nous demander pourquoi nous n'avons pas fait tout ce que nous avons pensé vouloir faire ou devoir faire, du moins à un certain moment.

Nos réponses et nos motivations nous disent qui nous sommes vraiment. Quand nous repensons à nos choix passés, la question centrale est de savoir si tout ce qui avait besoin de se développer en nous, à cause de chacun de ces choix, s'est bien développé. La vie que nous avons choisie nous a-t-elle conduit à la plénitude de vie que Dieu veut pour chacun de nous ?

~

Le fardeau du regret est que, si nous n'arrivons pas à comprendre le mérite de nos choix dans le passé, nous ne réussirons pas à voir les dons que nous leur devons.

Le bienfait du regret saute aux yeux : si nous sommes prêt à l'affronter hardiment, il nous amène à être présent à ce nouveau temps de la vie d'une manière totalement nouvelle. Il nous excite à continuer de devenir.

~

SENS

« Ce n'est pas par la vigueur, l'agilité ou la rapidité corporelle que s'exécutent les grandes actions, c'est par la sagesse, l'autorité et la valeur des avis ; or, loin d'en être privée, la vieillesse en a généralement davantage », écrivait Cicéron voilà plus de deux mille ans (*De la vieillesse*, nº 17).

Nous vivons aujourd'hui dans un monde qui juge des exploits en fonction de la vitesse et de l'affairement. Nous vivons dans un tourbillon de communications cybernétiques qui nous étouffe sous les renseignements et les statistiques, les achats impulsifs à la grandeur de la planète et les messages instantanés. Temps et espace, temps et réflexion n'ont plus guère cours aujourd'hui. Il devient chaque jour plus difficile de trouver du temps pour réfléchir. Au lieu de réfléchir, nous nous agitons. Nous sommes si occupé à provoquer les événements qu'il nous reste peu de temps pour méditer sur la valeur de ce qui arrive.

Nous avons de toute urgence besoin de gens qui se concentrent sur le sens de la vie plutôt que simplement sur sa vitesse, sa mécanisation, son informatisation.

Au lieu de ça, nous avons été réduit à une série de nombres. Gouvernements et entreprises veulent connaître — et documenter pour la postérité — le nombre de maisons et d'appartements que nous avons habités, le numéro de téléphone où l'on peut nous joindre, l'année où nous avons complété nos études, le nombre de diplômes que nous détenons, le nombre de membres que compte notre famille, le numéro d'assurance sociale que nous a attribué le gouvernement, numéro par lequel il légitimera peut-être un de ces jours notre droit à être soigné, nourri, logé et — détail le plus important de tous, à ce qu'il semble — le nombre d'emplois que nous avons occupés.

On ne nous demande aucunement ce que nous pensons de Dieu, ce que nous inspire l'état actuel de notre pays, ni si notre qualité de vie aujourd'hui est à peu près aussi bonne qu'elle l'était jadis, qu'elle pourrait l'être ou devrait l'être. Non, on ne veut pas connaître nos pensées. On se fiche de savoir si nous avons appâté déjà un hameçon, sauvé de la mort un oiseau, voué notre existence à améliorer la qualité de vie de notre entourage. On ne nous demande pas ce en quoi nous croyons ni pourquoi, ce pour quoi nous donnerions notre vie ni pourquoi, ce en quoi nous espérons ni pourquoi. À l'évidence, le sens ne semble pas importer dans le monde qui est le nôtre.

Pas étonnant que tant d'entre nous se sentent comme des pions sur un échiquier, des dents d'un engrenage. Le message que nous avons intériorisé est limpide : nous sommes ce que nous faisons, ce que nous possédons, non ce que nous sommes en nous-même. Là où ça compte !

Nous sommes maintenant dans cette période de la vie où la question qui nous tourmente est celle-là même qui nous brisera ou nous grandira — suivant la manière dont nous réagirons à la réponse apportée. Cette question et la réponse que nous y donnons sont au centre de la dernière étape de la vie. Nous ne devons pas seulement nous demander : Que sommes-nous quand nous passons du faire à l'être ? Pour notre bonheur et notre santé mentale, nous devons aussi répondre à la question : Que suis-je quand je ne me définis pas par l'emploi que j'avais coutume d'occuper ? Quelqu'un s'en soucie-t-il vraiment ? Quel rapport cela a-t-il avec le fait de grandir en Dieu ?

Lorsque le contrat de travail prend fin, le poste est supprimé ou le rôle n'a plus de raison d'être – lorsque je ne suis plus le gros brasseur d'affaires, plus la patronne, plus la conseillère, plus l'enseignant ni même plus le parent au foyer –, que veut dire être en vie ? À une époque où deux travailleurs sur cinq sont forcés de quitter le marché du travail plus tôt qu'ils ne l'avaient planifié, la désorientation a toutes les caractéristiques de l'épidémie sociale[1].

Dans une société où les gens vous demandent automatiquement quel travail vous exercez tout de suite après vous avoir demandé votre nom, la question n'est pas purement philosophique. Dans un pays où l'on prend en moyenne sa retraite à 64 ans et où l'espérance de vie passé cette date est de quinze à vingt ans, il s'agit d'une question cruciale : *Que* suis-je quand je ne suis plus assez jeune pour disputer un poste, pour récolter un autre trophée, pour obtenir une nouvelle augmentation de salaire, pour me précipiter le matin au travail dans la succursale de quelque entreprise ? *Qui* suis-je quand prend fin mon contrat de travail et que je me retrouve avec tout juste assez pour payer le loyer ?

Telles sont les brutales questions indissociables de la retraite. Telles sont les questions obsédantes qui occupent les rudes journées de transition entre être quelque chose et n'être rien dans une structure sociale où postes, fonctions et reconnaissance signifient tout. Telles sont les questions fondamentales qui exposent la profondeur en nous du spirituel.

Dans une société trépidante et tournée vers l'action, le travail est tout. Même l'usage du mot « retraité » fait de l'emploi le centre et le pivot de la vie.

Pour survivre pécuniairement, et plus encore pour réussir, nous avons depuis si longtemps refoulé ce que nous pensons et ce que nous croyons qu'il nous est presque impossible de nous rappeler quelles étaient ces pensées, ces croyances — si nous l'avons jamais vraiment su. Dans l'intérêt de l'harmonie sociale, nous nous sommes « conformé » dans la vie plutôt que d'adopter un mode de vie ou de pensée original. Jusqu'à ce jour, il a d'abord et surtout été question de bien fonctionner plutôt que de bien vivre. Oh, nous avons exercé notre droit de vote, comme de raison, mais même cet important geste d'évaluation morale fut trop souvent davantage un réflexe de sécurité économique qu'un engagement à l'égard de principes spirituels ou de la race humaine.

J'ai pu me montrer une personne efficace, mais pas toujours douée d'une vie spirituelle. Et maintenant que l'efficacité n'est plus le moteur de ma vie, que suis-je ?

Que puis-je pour éviter, dans les années devant moi, le vide intérieur dont s'accompagne le dépouillement de toutes les obligations de la vie inhérentes à l'exercice d'un emploi : les cocktails pour le personnel, les pique-niques de l'entreprise pour les familles, les lettres au temps des fêtes pour détailler mes succès à mes amis ?

Voici venu le temps de réintégrer le moi. Je me retrouve maintenant débarrassé de tout ce qui est accessoire dans la vie. Me voici face à face avec ce moi que j'appréhende de ne pas avoir. J'ai passé ma vie à être quelqu'un d'important et il ne reste plus maintenant que moi. Je ne dirige plus rien, je ne deviens plus rien. Maintenant, je ne suis plus que moi. Et qu'est-il ?

Le sens – le message de ma vie, la substance de mon être – se tient là, nu et frissonnant, une fois qu'ont disparu tous les titres et avantages. Je suis moi. Simplement moi.

Que voient les autres en moi maintenant ? Que voit Dieu en moi maintenant ? Que vois-je en moi maintenant ? Que fais-je de mon temps maintenant ? Qu'est-ce qui, plus que l'inconfort d'y rester, me tire du lit le matin ?

Voilà vraiment la question fondamentale de la vieillesse en Occident. Que *suis*-je lorsque je ne suis rien d'autre ? Que reste-t-il de moi lorsque disparaît tout le reste : les fonctions, le pouvoir, le prestige, le travail, l'objectif, le rôle, l'influence – sans oublier les relations construites et tissées autour de ces réalités ? « Des profondeurs je crie vers toi, Seigneur », dit le psalmiste. Il y a maintenant un psalmiste en chacun de nous.

La réponse à d'aussi accablantes questions n'est pas simple. Bien sûr, je suis en un sens toutes les expériences que j'ai vécues. Mais, dans un autre sens, je suis seulement ce que voient les gens quand ils me regardent maintenant. Pour finir, je suis seulement ce que je me suis préparé moi-même à être au-delà de ce que je faisais. Et qu'est-ce ?

Le monde est sens dessus dessous depuis tellement longtemps qu'il est presque impossible de croire désormais que le sens de la vie n'est pas affaire de *faire*. Le concept que le sens de la vie est affaire d'*être* – d'être bienveillant, d'être intéressé, d'être honnête, d'être vrai, d'être disponible, d'être spirituel, d'être engagé dans les réalités importantes de la vie, de l'existence – est si rare, si inexprimé, qu'il en est abstrus. Nous ne savons même plus ce que veut dire le mot sens.

Une chose est sûre cependant : être signifiant pour le monde autour de nous, cela veut dire que nous éprouvons le besoin de lui fournir plus que des nombres. Cela veut dire que nous nous sentons tenu de lui proposer d'importantes idées, une réflexion inspirée, un sérieux réexamen des options, et la suggestion de meilleures idées que celles dont le monde se nourrit aujourd'hui. Cela veut dire que nous provoquons les gens autour de nous à réfléchir à ce qu'ils font eux-mêmes – tandis qu'ils peuvent encore y changer quelque chose. Cela a trait à ce que nous nous évertuons à faire parce qu'il vaut la peine de le faire, parce que telle est la volonté de Dieu pour le monde.

M'occuper d'un voisin beaucoup plus limité que je ne le suis me donne à penser à autre chose que moi-même. Me dévouer à l'école du voisinage comme aide enseignant m'engage dans la formation de la génération suivante. Fonder un groupe de discussion pour explorer les effets de la législation sur les gens de toutes classes sociales dans ma ville fait de moi un membre avisé d'une population avisée. Parrainer les arts dans ma région en sauvegarde l'âme culturelle. Appartenir à un groupe de surveillance de l'action gouvernementale dans ma ville insuffle un peu de sagesse dans l'art du politique. Devenir, à l'intérieur de chaque groupe, celle qui demande aux autres plus que simplement « Et que faites-vous dans la vie ? » pourrait bien être l'étincelle qui donne également un sens spirituel à leur vie.

Cicéron avait raison. La vieille génération a beaucoup à offrir au monde. Encore faut-il d'abord qu'elle le valorise elle-même.

~

L'un des fardeaux de ces années est que nous puissions nous autoriser à interpréter comme une sorte de déficience humaine le fait de ne plus être aussi rapide ni aussi affairé que nous avions coutume de l'être.

L'un des bienfaits de ces années est que nous en arrivions à comprendre que la qualité de nos idées et de nos paroles, non notre rapidité ou notre affairement, fait de nous de précieux membres de la société.

~

CRAINTE

« LA VIEILLESSE N'EST PAS que délabrement, a dit George MacDonald. Elle est aussi surgissement, mûrissement d'une nouvelle vie, à l'intérieur, qui fait se dessécher et éclater la cosse. »

Le difficile n'est pas de vieillir. C'est la crainte de vieillir qui nous taraude. Au lieu de nous représenter une longue vie comme la porte de l'épanouissement de l'esprit, de la croissance de l'âme, nous sommes beaucoup plus porté dans notre culture axée sur la mobilité et la dextérité, sur la beauté physique et la réussite sociale, à nous la représenter comme l'approche d'un désert. Il nous faut revisiter les beautés de la vieillesse, sa liberté, sa splendeur. Si nous lui en laissons seulement la chance, la vieillesse nous révèle la « nouvelle vie à l'intérieur ». C'est en apprenant à donner une chance à de nouveaux défis que nous faisons de nos dernières années une aventure spirituelle autant qu'une pierre d'achoppement psychologique. Certains d'entre nous en accueillent les exigences avec la joie de l'alpiniste. D'autres sont plus disposés à faire du surplace. C'est là toute la différence entre vie et non-vie, entre le fait de surprendre partout un Dieu qui appelle et celui de toucher au terme de la quête.

Quand elle s'est aventurée hors de chez elle, ce jour-là, le vent était cinglant et l'air vif. La vue du barrage, rougeoyant au sommet de la dénivellation d'où s'écoulaient des eaux rapides, invitait les marcheurs à s'enfoncer toujours davantage dans la région boisée par-delà. « Il faudra marcher plus vite, a dit l'homme derrière elle dans le sentier, si vous voulez vous garder au chaud aujourd'hui. Là-haut, au barrage, il fera même plus froid. »

« Oh, a répondu la femme, je ne vais pas jusqu'au barrage. C'est un peu trop loin pour moi. » Elle lui adressa un sourire poli dont ont le secret les femmes à la fin de la soixantaine et dans les premières années de leur septième décennie.

« Vraiment, dit l'homme en accélérant le pas. Eh bien, j'ai 87 ans et, si j'y arrive chaque jour, reprit-il en la saluant d'un coup de chapeau, vous le pouvez sûrement. »

Il y en a pour qui, bien entendu, le délabrement physique est un aspect important du processus de vieillissement. Ils sont en réalité bien moins nombreux qu'on est enclin à le penser. Selon la Longitudinal Study of Aging et le National Health Interview Survey, les taux d'invalidité sont constamment en décroissance et les taux de rétablissement de graves invalidités s'améliorent année après année. La proportion du nombre d'années de vie active par rapport au nombre d'années de vie dépendante – de la vieillesse en santé par opposition à la simple longévité – augmente à un rythme inouï. Pour être plus précis, les personnes âgées composent le segment de la population du monde moderne qui connaît le plus rapide taux de croissance[2].

Les statistiques de 2005 indiquent que seulement 7 % des personnes de 75 à 84 ans et seulement 25 % de celles de plus de 84 ans avaient alors besoin de soins[3].

Il a aussi été établi que la décrépitude et l'incapacité associées à la vieillesse ne se manifestent en moyenne qu'aux environs des trois derniers mois de vie[4]. Même alors, assurent les études, la clarté d'esprit est plus susceptible de se maintenir jusqu'à la fin plutôt que le contraire. À l'évidence, la vie n'est pas finie tant qu'il y a de la vie.

Il nous reste sans l'ombre d'un doute encore beaucoup à vivre. Cela signifie, bien sûr, que nous avons de même une énorme responsabilité. La grande question maintenant qui se pose à nous est : Comment vivrons-nous cela ? Le vivrons-nous comme une espèce de sinistre et lente agonie où la vie se résume à une longue liste de fins définitives ? Ou le vivrons-nous comme une étape de la vie totalement inédite, destinée à nous mettre à l'épreuve et à nous mener à une maturité, une douceur de caractère et de tempérament qui feront de nous un être non seulement acceptable, mais même nécessaire à son entourage ? En fait, un être recherché !

Nous sommes maintenant en effet à un carrefour, au sens le plus absolu du terme. Nous sommes à ce point, dans la vie, où il nous faut arrêter des décisions qui détermineront le caractère de nos dernières années.

Quand nous considérons la vieillesse comme rien d'autre qu'une succession de deuils, nous en perdons de vue les bénéfices. Une crainte bien naturelle envahit alors notre âme. Elle ne nous lâche pas. Elle nous traque. Elle se coule en nous comme le tic tac d'une horloge dans le cœur. Elle nous annonce l'heure où nous ne serons plus aussi agile, aussi assuré que nous avons toujours su l'être.

Quand survient la première douleur, quand le genou – constatons-nous subitement – est devenu sensible sans prévenir, nous réagissons comme s'il s'agissait d'une blessure oubliée. « Une vieille blessure de football » peut-être. Ou le résultat d'un moment passé à jardiner « un sol plus dur que je ne pensais ».

Mais lentement, lentement la réalité s'installe : c'est le premier signe d'arthrite latente, le premier symptôme d'usure articulaire, le premier sérieux avertissement d'un changement physiologique insidieux, graduel. En moi. Moi, la robuste. Moi qui n'avais jamais été malade, qui avais toujours emprunté les escaliers. Moi qui étais restée en forme, restée active, toujours restée en santé — jusqu'à maintenant.

Ce n'est donc pas la douleur que j'appréhende, mais le signal clair et net que le moi d'hier est en train de changer. Non, correction : il dépérit.

Je me surprends à écouter plus attentivement que jamais les bilans de santé des autres, que je compare au mien. Mon arthrite n'est pas aussi grave que la leur, est comparable à la leur, est pire que la leur. Je mesure ma vitalité, le dynamisme de la force vitale en moi, à l'aune du corps des autres.

Par-dessus tout, je commence à compter les années. Et je demande : « Quel âge avait-elle quand elle est morte ? De quoi est-elle morte ? » Je veux savoir. « De combien d'années est-elle mon aînée ? »

Les questions se bousculent. L'horizon se rétrécit à des réalités auxquelles je n'avais jamais songé. Voilà que je me demande chaque matin comment je me sens.

Dans le fond, ces questions ne sont pas du tout d'ordre physiologique. Ce sont des questions d'ordre émotif, psychologique, social, spirituel. À quoi, pensais-je, rimait vraiment mon existence sinon à aboutir au terme de cette vie et à l'aube d'une autre ? Qu'ai-je fait dans le passé pour aborder avec confiance cet instant ? Que puis-je faire maintenant pour enfin devenir ce que j'étais censée être ? Toutes ces questions sont le fruit de la crainte. Combien de temps encore serai-je capable de me débrouiller sans aide ? Qui s'occupera de moi quand je ne le pourrai plus ? Et la plus importante : Ma vie est-elle maintenant finie ? Reste-t-il quelque chose du moi que j'ai toujours été ? La vie est-elle maintenant simplement à subir plutôt qu'à vivre ? Et, bien entendu, de quelle dimension de la vie n'ai-je pas vraiment été à la hauteur jusqu'à ce jour ? Que puis-je y faire maintenant, si je compte devenir un jour la personne que j'étais censée être ?

Trop souvent, nous ne nous rendons pas compte que cette crainte vrillée en nous est peut-être le meilleur signe de vie que nous ayons. Elle signale paradoxalement que nous sommes des plus vivant. Au XXe siècle, l'espérance de vie a presque doublé. Les francophones appellent « troisième âge » le temps d'après la retraite. De ce temps nous aurons en abondance. En 1992, 12 % des citoyens des États-Unis avaient plus de 65 ans. D'ici 2020, nous disent les démographes, 18 % de nos concitoyens auront plus de 65 ans. La vie après 65 ans n'est manifestement pas une pathologie. Voilà une manière toute nouvelle de voir ce que peut être la vie à cette étape[5].

La principale mission de la vie en cette période pourrait bien être simplement de ne pas craindre la crainte. Chaque signe de changement en moi, cela même que je crains de perdre, est un appel à de nouveaux commencements. À titre d'exemple, si j'ai perdu l'énergie, la capacité de parcourir à pied de longues distances, il me faut trouver une occupation que j'aimerai tout aussi passionnément, dont j'apprendrai aussi profondément. Peut-être collectionner mes concertos préférés sur disque compact. Peut-être apprendre une nouvelle langue en vue d'un voyage dans une autre partie du monde. Peut-être observer les oiseaux à la mangeoire, près de ma fenêtre. Peut-être arriver enfin à comprendre le fonctionnement des ordinateurs. Peut-être accorder de l'attention à cette partie de moi qui est au-delà de la matière, plus que de la matière, affranchie de la matière.

Cette période *n*'est surtout *pas* affaire de dépérissement, même si le dépérissement physique en fait naturellement et indéniablement partie. Elle est plutôt affaire de consécration de soi à une nouvelle forme de développement, aux formes de changement qui s'amorcent en nous au moment de la conception et s'y poursuivent toujours. La vérité, c'est que nous sommes beaucoup plus que notre corps, que nous avons toujours été plus que notre corps, mais il peut nous falloir presque toute une vie pour le comprendre. Contrairement à ce que la société peut nous induire à croire, nous n'avons pas l'obligation morale de pratiquer le ski à 60 ans, le jogging à 70 ans et le vélo à 80 ans. Non, nous avons l'obligation morale de rester aussi bien portant que possible, de nous maintenir actif, d'éviter de malmener notre corps, de nous adonner à des occupations qui nous intéressent et d'enrichir la vie de notre entourage. Nous avons l'obligation spirituelle de bien vieillir – pour que les autres, à nous côtoyer, trouvent le courage, la capacité spirituelle d'en faire autant. Renoncer à la vie avant la fin n'est pas que de la résignation, c'est ne pas tenter de rejoindre Dieu selon les stipulations mêmes de Dieu.

Bien vieillir ne veut pas dire que nous ne changerons pas physiquement. Cela veut dire que nous ne nous définirons pas que par nos compétences physiques persistantes.

Voici venu le moment de nous mettre à réfléchir à des sujets plus transcendants que de paraître dix ans plus jeune que nous le sommes, si épatant cela soit-il. Nous devons à compter de maintenant soigner notre moi intérieur. Ces années sont là pour permettre à la vie intérieure – nos questionnements persistants, nos intérêts durables – d'inspirer ce que nous faisons et ce que nous sommes.

Voici venu le moment de mettre de la terre et des graines dans un pot, de cultiver une plante. Nous disposons maintenant des heures nécessaires à son entretien et à son arrosage. Nous avons le temps d'être patient.

Voici venu le moment de renouer avec les membres de la famille que nous n'avons pas vus, dont nous n'avons pas eu de nouvelles depuis des années.

Voici venu le moment d'appréhender le monde comme un tout, de se soucier des affamés d'Afrique, des analphabètes du Proche-Orient, des pauvres du quartier.

Quoi que nous fassions, nous devons le faire consciencieusement. Nous devons le faire sachant que, pour chaque perte, il y a aussi des gains.

Nous ne devons surtout pas ne rien faire. Nous ne pouvons nous permettre de mourir au monde et à nous-même. Il peut s'avérer nécessaire de vivre dans un corps qui se transforme. Cela, nous ne pouvons pas l'éviter. Mais nous pouvons être maître de la tournure que prend notre vie. Nous sommes responsable de la tournure que prend notre monde, si fort semble-t-il se refaçonner lui-même.

Pourquoi nous donner cette peine ? Parce que les générations qui nous entourent comptent sur nous tout autant que nous comptons sur elles. Nous comptons sur elles pour les ornements de la vie, ses inventions, ses institutions, ses fruits. Elles comptent sur nous, la vieille génération, pour leur offrir un modèle spirituel, un archétype psychologique de la manière de le vivre.

La vie renaît toujours de la mort. Le présent surgit des cendres du passé. Pour qui a la volonté de le re-créer, le futur est toujours possible.

La mission de chaque étape particulière de la vie est d'affronter les craintes qui lui sont propres de telle façon que la vie puisse devenir plus qu'elle n'était. Pour la jeunesse, c'est de vaincre la crainte de voler de ses propres ailes. Pour les gens d'âge mûr, c'est de surmonter la crainte de l'échec. Pour ceux et celles qui ont passé l'âge mûr, c'est de venir à bout de la crainte de la fragilité.

~

L'un des fardeaux de ces années est la possibilité de céder à la crainte de l'invisibilité, de l'inutilité, de la perte d'identité et de responsabilité humaine. La crainte nous incite à croire que la vie est finie – plutôt que simplement en mutation.

L'un des bienfaits de la crainte en ces années est qu'elle nous invite à devenir pleinement nous-même. Elle vient à nous dans la nuit de l'âme pour nous dire de naître à un nouveau moi de manières inédites et palpitantes – dans notre intérêt, bien sûr, mais aussi dans l'intérêt du reste du monde.

~

ÂGISME

« J'AI 65 ANS ET JE SUPPOSE que cela me range parmi les vieillards, observait Thurber. Mais si chaque année comptait quinze mois, je n'aurais que 48 ans. Notre problème est là : nous chiffrons tout. »

Avoir plus de 65 ans à une époque comme la nôtre, c'est se sentir mal, même quand on se sent bien. Après tout, nous sommes maintenant « vieux ». Sauf que nous ne nous sentons pas « vieux ». Et nous ne pensons pas en « vieux ». Et nous nous donnons beaucoup de mal pour ne pas avoir l'air « vieux » – peu importe ce qu'avoir l'air vieux peut vouloir dire. Oui, mais, on nous a enseigné à nous rappeler notre « grand âge ». Nous sommes trop vieux pour occuper un emploi, nous dit-on – mais on nous sollicite tout le temps comme bénévole. Nous sommes trop vieux pour conduire une voiture, s'alarme-t-on, mais les conducteurs de 18 à 25 ans sont proportionnellement la cause de beaucoup plus d'accidents de la route que ceux de plus de 65 ans. Nous sommes trop vieux pour être couvert par une assurance maladie – mais nous n'avons pas été gravement malade depuis des années.

Ce qui nous amène à la question plus globale, la vraie question : en quoi importe-t-il que nous soyons sage, que nous soyons bien portant, que nous soyons alerte, que nous soyons engagé après 65 ans ? Après tout, une fois que nous avons atteint l'âge de la retraite dans cette culture, tout est révoqué. Nous sommes « vieux » maintenant et nous le savons. Le monde entier le sait également. Nous sommes « vieux » : entendez « inutile », entendez « indésirable », entendez « importun », entendez « incompétent ». Nous ne sommes plus dans la fleur de l'âge, disent nos cartes d'anniversaire. Et nous en rions du mieux que nous pouvons, mais – le sait-on ? – ce rire nous enfonce un poignard dans l'âme.

Nous avons un mouvement de recul quand nous regardons la télé. On nous y montre sans fard. Qui pourrait bien aimer en grande partie ce que nous y voyons, qui voudrait s'y identifier ? Les protagonistes plus âgés au petit écran ne sont pas les philosophes de notre époque, ni les sages ni les chamanes d'antan. Non, on dépeint de nos jours les personnes âgées comme des créatures frêles, bafouilleuses, délirantes, oisives, qui ne comprennent rien, ne sont au fait de rien et marmonnent. Elles « sont complètement gagas », comme on dit en Irlande.

Ces portraits ne sont pas fidèles à la réalité ; cela, nous le savons d'autant mieux que, vieux, nous le sommes et le sommes pour de vrai. Or nous ne bafouillons, ne délirons, ne marmonnons pas. Nous avons les idées claires, merci ; nous nous démenons et nous savons précisément ce qui se passe dans le monde autour de nous. À quoi bon cela, cependant, dans une culture pressée d'écarter ses travailleurs expérimentés dès l'âge de 55 ans sur la base d'un stéréotype qui ne résiste pas à l'examen, mais très difficile à éradiquer ?

Les stéréotypes négatifs soulignent des traits isolés et évacuent entièrement les traits positifs. Ainsi dépeint-on les personnes plus âgées comme lentes, mais non comme sages ou patientes. On nous les montre malades, mais pas très responsables de leur vie. On nous rappelle constamment qu'elles oublient des détails, mais sans la moindre allusion au fait que cela vaut pour n'importe qui d'autre.

Il y a plus grave encore : les stéréotypes érigent en absolus des caractéristiques comme si elles étaient inhérentes au fait d'être noir, d'être femme, d'être vieux – ou d'être jeune, à ce compte. Nous amalgamons des gens au lieu de les voir comme des individus pleins de grâce, pleins de vie. Nous récusons toute possibilité de changement et le groupe stéréotypé commence alors à se percevoir lui aussi de la sorte.

C'est un instant pathétique dans l'histoire de la condition humaine quand le monde extérieur nous dicte qui nous sommes, ce que nous sommes – et que nous nous mettons nous-même à le croire. Puis, ayant ployé sous le poids de la négativité, nous commençons à nous ratatiner extérieurement de la même manière que nous nous sommes déjà peu à peu ratatiné intérieurement. Le rythme ralentit, l'intérêt faiblit, l'énergie de vivre diminue et fait défaut.

Mais ne vous y trompez pas. Comme dit Dylan Thomas, nous nous dirigeons pour la plupart vers la fin de la vie en pestant « contre la lumière agonisante ».

À 85 ans passés, Ed allait au cercle chaque jour, mais seulement après avoir complété au golf un parcours d'au moins neuf trous. Septuagénaire, Bus jouait aux cartes chaque après-midi et racontait intarissablement des blagues. Presque nonagénaire, Kathleen se dépensait jour après jour dans divers organismes de bienfaisance çà et là, parce que tous la réclamaient et qu'aucun ne pouvait se passer d'elle. À plus de 80 ans, Tim était le bénévole le plus apprécié de la Popote roulante : il planifiait et livrait quotidiennement plus de repas que n'importe quel plus jeune collaborateur de l'organisation. Membre du conseil d'administration d'une université, autrefois banquier et directeur financier, Ted agissait vers la fin de sa septième décennie comme consultant auprès d'organismes à but non lucratif pour les aider à atteindre une certaine viabilité. Nul stéréotype ici. Ces aînés étaient socialement actifs, publiquement engagés, nécessaires à la communauté dans laquelle ils évoluaient.

Nous sommes, c'est un fait, les seules icônes du vieillissement que les plus jeunes auront l'occasion de connaître. Ce que nous leur prêchons par l'exemple leur propose un modèle de ce pour quoi eux aussi peuvent se battre. Nous leur montrons le chemin vers la plénitude de vie.

Les chercheurs savent depuis déjà des années que seulement 5 % des personnes de plus de 65 ans résident en institutions de soins spécialisés et que 80 % du reste de la population plus âgée gère sans entraves les impératifs de la vie quotidienne[6]. Avec l'essor des achats et des services bancaires en ligne, leur nombre s'accroît même chaque jour. Et si effectivement davantage de personnes plus âgées que de personnes plus jeunes souffrent de maladies chroniques, les premières souffrent aussi moins d'affections aiguës que les secondes ; s'infligent moins de blessures à la maison et ont moins d'accidents sur les routes. Et ces taux sont également à la baisse grâce au nouvel intérêt pour la gérontologie[7].

Même la notion de beauté physique procède davantage de ce que nous voyons réellement que de ce qui s'offre simplement au regard. Au Japon, par exemple, on valorise les cheveux gris et les rides comme des signes de sagesse et d'expérience[8]. En Occident, marcher beaucoup est à tout âge un signe de vigueur. Dans d'autres cultures, seul l'âge – plutôt que des attributs physiques – confère un privilège social. De toute évidence, le charme est culturellement spécifique et non pas universel. Les personnes plus âgées sont tout aussi charmantes que les personnes plus jeunes, mais des cultures différentes définissent différemment le mot « charmantes ».

Enfin, les personnes plus âgées conservent pour la plupart toute leur vie durant leurs facultés mentales normales, y compris leur mémoire à court terme. Elles sont tout aussi capables d'apprendre et de mémoriser que les plus jeunes, bien qu'elles traitent peu à peu différemment l'information et qu'elles puissent mettre plus de temps à mener à terme un projet. Si ancrés soient les stéréotypes colportés à son propos dans les cartes d'anniversaire, les dessins animés et les comédies de situation, l'âge chronologique n'a pas d'influence notable sur l'apprentissage[9].

La communauté universitaire connaît depuis des années ces données scientifiques et de très nombreuses autres – sur le sérieux et la perspicacité des travailleurs plus âgés, sur la rareté de la maladie mentale chez les personnes âgées, sur l'intensité de leurs liens affectifs de même que sur leur capacité à avoir des relations sexuelles. Toutes ces questions font sans cesse l'objet de nouvelles évaluations ; or les résultats restent stables et se consolident même tandis qu'une nouvelle génération d'aînés revendique son droit naturel de vivre jusqu'à son dernier souffle.

Il nous arrive cependant peut-être d'oublier, à la lumière de pareilles observations, que les dons d'un vieillissement réussi ne sont pas dénués de sens spirituel. « On attend beaucoup, nous le savons, de ceux à qui il a été beaucoup donné » — et cela nous inclut. La vieillesse ne nous dégage pas de notre responsabilité de remettre à Dieu un monde un peu meilleur qu'il n'était parce que nous y avons séjourné.

Toutes les plaisanteries rebattues sur les vieilles gens s'usent rapidement. L'âgisme est une duperie. Toutefois, la seule manière de le contrecarrer est de refuser de le laisser nous empoisonner l'existence. La vieillesse n'est pas une réalité à plaindre, à craindre, à repousser, à voir comme un signe de ruine ou dont on doive s'excuser. Seuls les vieux peuvent faire de la vieillesse un espace habitable, clair et animé. Nous devons donc nous y employer. Sinon, nous nous apprêtons à gaspiller carrément de 25 à 30 % de notre vie. Et il est toujours dommage de gaspiller.

~

L'un des fardeaux de ces années est le danger que nous intériorisions les stéréotypes négatifs du processus de vieillissement. Nous pourrions devenir ce que nous redoutons et abdiquer notre nouvelle vocation dans la vie.

L'un des bienfaits de ces années est que nous incombe la responsabilité de démontrer l'inexactitude des stéréotypes et d'impartir à la vieillesse sa plénitude de vie.

~

JOIE

« QUANT À LA VIEILLESSE, dit Sénèque, accueille-la, aime-la. À qui sait en user, elle réserve maint agrément. Les années de déclin graduel sont parmi les plus douces de la vie [...]. Même quand elles ont touché leur limite extrême, elles n'en ont pas moins leur agrément. »

Quelque chose dans le fait d'être libéré des attentes et des échéances, des pressions et des responsabilités, des emplois du temps chargés et des obligations sociales de l'âge mûr, jette sur les dernières années de vie un éclairage totalement différent. On dispose maintenant d'espace et de temps. On a maintenant, comme jamais depuis des années, la possibilité et l'instinct de mettre l'accent sur les gens plutôt que sur les projets. Une sensation de fraîcheur, qui parle un langage inconnu au cœur, s'attache à ces années.

« À qui sait en user », insiste cependant Sénèque. C'est l'élément important. Savoir quoi faire de ce nouveau sentiment d'espace et de temps, voilà ce qui détermine ultimement à quel point seront heureuses, à quel point seront épanouissantes ces années. Et très peu d'entre nous, créatures d'une société infatigable et obsédée par le travail, le savent vraiment.

« On t'a dit que nous prenions tous les deux notre retraite le mois prochain ? » demande-t-elle. Elle a la voix tendue ; les mots sortent difficilement. Elle est trop perturbée, trop confuse pour le tolérer. « Je ne sais pas ce que je vais faire quand nous serons tout le temps ensemble, dit-elle en feignant un rire insouciant après un long silence embarrassé. Que ferons-nous maintenant ? Passerons-nous notre temps à nous regarder l'un l'autre ? »

Son inquiétude n'a rien d'inhabituel. Dans une société centrée sur la productivité, qu'advient-il de la vie une fois que cesse la routine coutumière ? Qu'advient-il de nous, en tant que personne, parce qu'elle cesse ? Pendant des années, nous n'avons pas été ensemble à la maison vingt-quatre heures sur vingt-quatre, jour après jour. Cette seule pensée peut transformer les mois précédant la retraite en une forme sournoise de supplice personnel. Nous faisons bonne contenance, mais l'incertitude nous ronge. Que ferons-nous maintenant en nous levant le matin ? Si c'est ça la retraite, qui en a besoin ? Pourquoi continuer de vivre quand ne reste désormais aucune raison de vivre ?

Une fois vécue et passée la grande exaltation de la retraite – que fait-on ?

Nous nous retrouvons soudain devant ce qui, croyions-nous, était censé être l'acmé d'une vie, son pinacle. Mais maintenant que nous voyons tout de là-haut, ça ne nous impressionne pas.

La prise de conscience, après toutes ces années, que nous ne savons rien faire d'autre que travailler, nous foudroie en plein cœur. Et le cœur est vide.

Nous nous trouvons à l'heure du choix le plus lourd de conséquence de notre existence, au moins depuis que nous avons quitté le foyer parental, depuis que nous avons déterminé ce que nous voulions faire dans la vie, depuis que nous avons osé le premier grand pas dans la carrière, depuis que nous avons enfin décidé de nous ranger. Il nous faut maintenant décider de la manière dont nous allons vivre sans qu'on nous dicte comment nous y prendre.

L'ardoise est effacée. Nos journées nous appartiennent. Nous avons maintenant pour tâche de réapprendre à vivre.

Nous pouvons décider de vivre dans la joie. Ou nous pouvons nous complaire à vivre dans l'amertume, en regardant en arrière. Nous pouvons être amer à propos de tout ce que nous voulions faire, mais dont nous n'avons pas osé prendre le risque. Nous pouvons être amer pour toutes les heures données à une compagnie qui a pu nous dire au revoir, mais n'a pas assez de mémoire pour envoyer une carte à Noël. Nous pouvons être amer parce que nous avons choisi la sécurité et l'indépendance plutôt que l'intensité et la camaraderie. Nous pouvons décider d'être amer parce qu'il n'y a plus que la fin, à la fin. Quoi que nous choisissions – amertume ou joie –, nous devrons choisir. Le reste de notre vie en dépend.

Il nous faudra peut-être un certain temps avant de commencer à nous rendre compte que la retraite nous plonge vraiment dans la joie.

Mais si nous décidons de vivre dans la joie ce temps nouveau, improvisé, la vie se répandra alors en nous presque plus abondamment parfois que nous pouvons le supporter.

C'est de cette période de la vie dont parle le psalmiste quand il prie ainsi : « Goûtez et voyez comme est bon le Seigneur. »

Ce à quoi nous nous sommes employé toutes ces années faisait partie du dessein de Dieu pour la vie. Tout ça était en vue de quelque chose. C'était tout ce dont nous avions besoin à ce moment-là pour devenir un être pleinement humain. Nous le savons maintenant, c'était effectivement très, oui, très bon. Comme aujourd'hui est très bon, pour l'exacte même raison. Une longue vie fait partie du dessein de Dieu pour nous.

L'heure est venue de nous permettre de nous réjouir du passé qui nous a conduit où nous en sommes et de nous régaler en outre des possibilités qui sont le présent.

Il y a des leçons à tirer de la vie antérieure à cette période, des leçons qui nous seront encore utiles – à condition que nous y soyons attentif. Nous sommes totalement justifié de vivre dans la gratitude pour toutes les étapes de la vie qui nous ont conduit jusqu'ici, pour les souvenirs qui nous causent grande joie, pour les personnes qui nous ont aidé à nous rendre aussi loin, pour les réussites gravées sur notre cœur le long du chemin. Ces expériences réclament d'être célébrées. Elles ne sont pas plus démodées que nous-même. Elles vivent à jamais en nous.

Elles méritent un tendre sourire, un rire heureux, une ou deux larmes douces amères. Nous pouvons être fier de ce que nos avons été, de ce que nous avons conquis de haute lutte et de ce que, ce faisant, nous sommes devenu.

Il faut laisser ces expériences nous imprégner de nouveau, cette fois non pas tant pour les circonstances dont nous gardons le souvenir que pour les intuitions qu'elles recèlent, pour le réconfort qu'elles nous communiquent encore. Ce sont des expériences qui ont alors eu pour nous du sens et il y a encore en elles du sens à puiser, à savourer – différemment, bien sûr, mais toujours.

Nous pouvons être aussi transporté de joie parce que nous sommes parvenu à ce moment de liberté nouvelle. Plein de ressource et vigilant, nous pouvons maintenant examiner chaque possibilité et, pour la première fois peut-être, décider de ce que nous voulons vraiment faire de notre vie plutôt que ce que nous devons faire, devrions faire ou sommes tenu de faire. Nous avons désormais le bonheur d'être dispensé des convenances. Comme les enfants à la plage, nous pouvons décider de chausser des sandales ou d'aller pieds nus dans la vie à partir de maintenant.

Surtout, nous pouvons décider de franchir doucement cette dernière grande étape de la vie où tout commence à se mettre en place pour nous, à prendre sens, à se charger d'une nouvelle signification.

Nous pouvons simplement admirer le coucher du soleil puisque nous n'avons pas à nous hâter vers la maison dans la circulation tandis qu'il décline à l'horizon.

Nous pouvons marcher sur la pelouse trempée de rosée matinale, humer l'odeur du gazon, cueillir un pissenlit parce que nous lui découvrons, comme à la rose éclatante et comme à toutes choses, une beauté bien particulière à condition d'apprendre à la chercher.

Nous pouvons être heureux d'avoir 70 ans, d'être qui nous avons été, de connaître ce que nous connaissons, de disposer d'aujourd'hui pour faire encore davantage. Nous pouvons commencer à tenir la création pour le souffle de notre souffle et, cette fois, l'inhaler lentement pour qu'elle nous soûle le cœur et nous permette d'en voir des parties que nous n'avions pas su voir de toute notre vie avant cet instant.

Nous pouvons décider de sourire à chaque être que nous croisons, de jouer avec les enfants, de nous entretenir avec nos aînés, de poser des questions aux plus jeunes – et, cette fois, d'écouter leurs réponses.

Nous pouvons nous déterminer à poursuivre un nouvel objectif aujourd'hui, à redevenir un apprenant, et éprouver l'excitation qui, de ce fait, s'empare de nous.

Nous pouvons décider de nous dédier à ceux qui n'ont personne d'autre que nous sur qui compter pour leur qualité de vie.

Nous avons tout, maintenant: la disponibilité, la liberté, et l'intelligence de savoir ce qu'elles exigent de notre part. Nous avons une chance d'être le meilleur nous-même que nous ayons été. Et nous avons la chance d'aider les autres d'en faire autant.

~

L'un des fardeaux de ces années est de ne pas réussir à transcender l'amertume d'avoir été supplanté et de ne pas voir qu'être écarté discrètement des tréteaux de la vie nous libère du coup de la mise en scène qui en est inséparable.

L'un des bienfaits de ces années est de se réveiller un matin et de se découvrir enivré par la seule pensée d'être en vie. Où qu'on aille, on répand dès lors la joie qu'on a enfin été capable de trouver en soi-même.

~

AUTORITÉ

« La vieillesse, surtout celle qui a passé par les honneurs, a un prestige tel qu'il l'emporte sur tous les plaisirs de l'adolescence » (*De la vieillesse*, 61).

Cette vue est aux antipodes de l'idée, aujourd'hui répandue, qu'est inutile tout ce qui est ancien, n'est pas neuf, n'est pas fraîchement cueilli. Le concept de nouveauté est à ce point enraciné de nos jours que, chaque année, ce que nous qualifions d'« ancien » est plus jeune et d'obsolète, plus neuf.

L'idée d'obsolescence délibérée nous est connue depuis maintenant plusieurs décennies. *Le choc du futur* d'Alvin Toffler nous a initiés au concept d'« obsolescence planifiée » dans les années 1970. Puis le public a découvert que les pneus d'automobile résisteraient seulement à tant de kilomètres, que les entreprises pouvaient prédire avec une précision renversante combien de temps durerait un moteur de réfrigérateur, que les ampoules électriques fonctionneraient pendant un nombre prédéfini d'heures. Le fabricant ne s'enorgueillissait plus de ce qu'on puisse se servir de son produit des années durant. Les objets étaient plutôt destinés à être éliminés. Les biens étaient pour la plupart programmés pour s'user.

Plus rien n'était fait pour durer. On n'en avait plus que pour les mises à niveau. La nouveauté, plutôt que la longévité ou la qualité, assurait la bonne marche du monde. L'économie en dépendait.

Le problème, c'est qu'on a fini par appliquer aussi cela aux personnes. Dans une culture de cette nature, nous sommes tous rapidement menacés de devenir obsolètes. Dans une société technologique de cette nature, la marginalisation galopante des personnes plus âgées est des plus manifeste.

Dans la plupart des sociétés, les personnes âgées étaient très respectées. Dans plusieurs cultures, seules les personnes âgées étaient considérées aptes à gouverner. Elles étaient les membres de la communauté responsables d'éclairer l'avenir de chacun parce qu'elles avaient une meilleure connaissance de la vie, de l'histoire et de la mémoire du groupe que tous ses autres membres. Qui plus est, leur expérience de la vie les aidait à montrer aux plus jeunes de la communauté comment bien vivre à leur suite.

Dans la société moderne, les dirigeants, au terme de leur mandat de durée limitée, sont remplacés par d'autres. Nous vivons dans une culture qui ne peut se permettre la vieillesse. Nous ne nous intéressons plus depuis longtemps à la mûre expérience. Plus l'un des nôtres est mal informé des toutes récentes découvertes dans les domaines scientifiques ou technologiques, moins il nous semble qualifié pour être chef. Nous ne voulons plus de la sagesse, fruit d'années d'approfondissement d'un sujet ; seules comptent maintenant les nouvelles connaissances. Nous nous retrouvons ainsi fort promptement dépassés par ceux qui absorbent ces données et qui promptement les débordent — et nous débordent.

Là réside d'ailleurs précisément l'un des graves problèmes du vieillissement dans cette société. De quelle utilité sommes-nous maintenant ? Que faisons-nous à part nous prélasser sur la terrasse, arpenter les rues, ou rester planqué seul dans une tour à attendre la fin ? Où est-il aujourd'hui le prestige de la vieillesse qui, dit Cicéron, « l'emporte sur tous les plaisirs de l'adolescence » ? Dans un monde comme celui-ci, on honore, préserve, recherche ou vénère difficilement en effet la valeur de l'expérience.

Mais la vieillesse n'est pas sans motif – ou elle n'existerait pas. À l'évidence, la vieillesse a un rôle à jouer dans le développement du monde autour de nous. Nous ne vivons pas toutes ces années tardives simplement pour ne pas mourir. Nous vivons en vue de rendre la vie meilleure – pour nous-même et pour les autres. Mais comment ?

La transition de rouage de la société à personnage influent, de simple fantassin de l'institution à libre esprit indépendant est une transition importante, mais aussi délicate. L'un des problèmes tient à ce que cette figure de la sagesse n'a pas de nom dans notre société, contrairement à tant d'autres cultures.

En de nombreuses cultures indigènes, il s'agit du chaman – intermédiaire à la peau ridée entre le monde visible et le monde des esprits. Les chamans sont des spécialistes du folklore d'une culture et, dans la plupart des cultures chamaniques, ils en ont une très longue fréquentation. Ils comprennent le monde dans lequel ils vivent. Ils l'ont fouillé en profondeur.

En judaïsme, ce personnage est le *tsadik*, « le juste », celui qui est parvenu avec les ans à une piété remarquable, celui qui est un modèle de vie pour tout Juif et « un meneur de sa génération ».

En hindouisme, qui entreprend une recherche spirituelle après avoir pris sa retraite est un *sannyasin* et son exemple de l'ultime grande quête est légendaire dans la société.

En bouddhisme, on appelle *bodhisattva* quiconque remet à plus tard le nirvana personnel pour travailler à l'illumination du monde. Ce personnage, qui incarne ce qu'a de mieux à offrir cette culture, est le signe de ce qu'est devenir une meilleure personne en vieillissant.

Dans ces cultures, on comprend que les générations plus âgées sont investies d'une clairvoyance qui fait défaut aux plus jeunes. Mais qu'est cette clairvoyance ? D'où vient-elle ? Et, par-dessus tout, à quoi l'employons-nous maintenant ?

Chaque génération accumule une somme d'expériences qui nous apprend de la vie quelque chose d'unique et d'universel à la fois. Cela résulte du simple fait de mener une vie méditative, recueillie. Cela résulte du fait d'avoir recouru à toutes les dimensions de la vie pour se préparer à la suivante. Cela résulte de la mise en pratique de ce que Socrate avait à l'esprit quand il disait : « La vie qu'on n'interroge pas ne vaut pas la peine d'être vécue. » Le sage, le chaman, le *tsadik*, le *sannyasin*, le *bodhisattva* et l'« ancien » sont ceux-là qui, après une vie occupée à vivre, interrogent le sens de la vie. Plus que ça, ils entendent le communiquer à leurs héritiers.

Et ils sont légitimés de le faire. Ils ont l'autorité de l'expérience, l'autorité de la survie, l'autorité de la persistance et, pour finir, la responsabilité de dispenser l'autorité de l'exemple.

Dans le cadre des célébrations de son 89e anniversaire de naissance, Nelson Mandela a annoncé la création de « The Elders », un groupe « de sages hommes et femmes ».

Ce conseil composé d'ex-présidents, de vétérans masculins et féminins de la politique, de prix Nobel et de personnalités internationales – dont Mary Robinson, Kofi Annan, Jimmy Carter et l'archevêque Desmond Tutu – se réunit deux fois l'an pour examiner des problèmes planétaires et faire profiter de ses compétences et de ses conseils les chefs et représentants politiques en exercice. Libérés des charges quotidiennes de leurs anciennes fonctions, ils jettent sur les circonstances présentes un regard enrichi par le détachement, la sagesse, le recul de l'expérience dégagée d'ambitions politiques ou de pressions nationales. « Je m'efforce de prendre au sérieux ma retraite », a dit Mandela pour expliquer son dévouement à la création de ce groupe qui est un modèle à imiter, pas seulement d'ailleurs dans l'arène politique.

L'expérience est ce qui autorise la personne plus âgée à éclairer par l'histoire, non par sa biographie, une situation donnée. La mémoire historique du groupe dit que, non, prendre part à la Deuxième Guerre mondiale et envahir le Vietnam *n*'étaient *pas* du pareil au même. Libre à vous de soutenir l'un et l'autre décisions, si cela vous chante, mais ne pensez pas qu'elles s'équivalent.

Sa survivance autorise la personne âgée à conforter la jeune génération dans son droit d'espérer, de savoir que ce qui lui arrive présentement n'est ni la fin du monde ni la fin de sa vie. Dans chaque vie, il y a toujours en réserve une résurrection, à condition d'y croire et de se donner à son avènement.

Sa persistance passée, même en face de l'adversité, permet à la personne plus âgée – qui semble si fort détachée de la situation présente – de répéter que la démission n'est la réponse à rien. La persistance ne résout peut-être pas tout, du moins de notre vivant, mais c'est de notre part être plus fidèle au sens même de la vie que d'espérer un autre labour, un autre semis, une autre moisson — plutôt que non.

Telle est la force spirituelle des anciens à chaque génération. C'est aussi notre responsabilité.

Quand les jeunes se tournent vers les vedettes de leur existence pour déterminer dans quelle direction orienter leur vie, nous aurons perdu une occasion des plus précieuses s'ils ne se tournent pas vers des parangons de sagesse de notre génération. Si nous ne devenons pas « les anciens » de notre époque, quel était donc l'objet spirituel de toutes ces années écoulées ? Le monde se souviendra-t-il des sommes que nous avons gagnées, épargnées, dépensées ? Le monde conservera-t-il religieusement nos médailles, nos plaques ? *Ou* une plus jeune génération se rappellera-t-elle ce que notre vie lui a appris sur l'expérience, la survivance, la persistance, sur une manière de vivre qui donne sens à sa propre finitude ?

L'un des fardeaux de ces années est la tentation de nous considérer comme obsolète et incapable d'apprécier ce précieux temps. C'est la tentation du narcissisme suprême.

L'un des bienfaits de ces années est notre contribution aux grands débats en cours pour que les temps à venir soient plus heureux que le nôtre — à cause des idées que nous avons préservées et transmises à d'autres avant de partir.

TRANSFORMATION

Sérénité

« AVEC L'ÂGE, je suis lumineuse », écrit Meridel Le Sueur. Ses mots nous donnent à réfléchir, nous interpellent, nous appellent à la barre des témoins.

La vérité, c'est que les personnes plus âgées tendent à se présenter sous deux couleurs : les aigries et les sereines. Les aigries en veulent au monde de les avoir écartées des armées qui le gouvernent, le contrôlent, le possèdent et n'y sont pas vieilles. Elles exigent que le reste du monde passe les voir, les plaigne, exécute leurs ordres, soit asservi à leurs froncements de sourcil.

Les sereines gardent en permanence sur leur visage vieillissant un sourire amène, signe réjouissant pour le monde de ce que signifie vieillir en grâce, avoir la grâce de la vieillesse. Elles nous exhortent à devenir toujours de plus en plus nous-même en vieillissant. C'est en pensant à elles que Meridel Le Sueur, morte à 96 ans, a écrit : « Avec l'âge, je suis lumineuse. » Lumineuse. Pas maquillée. Pas masquée. Lumineuse ! Ces femmes et ces hommes ont l'œil plus ouvert, l'ouïe plus fine, le verbe plus réfléchi. Ce sont gens de cœur.

Les revues de mode et de mise en forme montrent on ne peut plus clairement à quoi doivent ressembler de nos jours les septuagénaires. Les « septuagénaires » sont des habitués des appareils d'exercice et des cours de danse. Aujourd'hui, les septuagénaires pratiquent la marche, les jeux de boule, la natation, le vélo. Ils s'adonnent à la pêche et au golf, joignent des chorales, jouent aux cartes. Ce sont des gens minces et pleins d'allant, à l'esprit vif et bien portants. Ils débordent de vitalité et d'enthousiasme. Ils fréquentent tous les endroits branchés, fraient avec les gens comme il faut, font tout ce qui est de bon ton et ne ressentent jamais de fatigue ce faisant. Ils mordent dans la vie avec style. Ils bravent les ans, s'avancent dans le soir de la vie en chantant et en dansant.

Pour plusieurs cela est vrai, au moins jusqu'à un certain degré. Jamais avant nous une génération n'avait vécu si bien ni vécu si longuement que dans notre prospère Occident. Jamais la vie n'est apparue plus éternelle que maintenant.

Dans le même temps, une autre réalité physique prend place. Il nous faut maintenant plisser les yeux pour lire sans lunettes l'annuaire des téléphones – et nous achetons des loupes de lecture en pharmacie. Nous montons comme jamais auparavant le volume de la télé. Nous nous surprenons à porter attention aux publicités de teintures capillaires. Et, bien que nous marchions toujours un peu chaque jour, nous n'allons plus si loin – et assurément pas à un rythme aussi rapide – qu'il y a des années.

Des changements, fortuits mais irrévocables, sont intervenus dans notre vie. Il n'y a pas de retour en arrière à compter de maintenant – et nous le savons. Bien sûr, nous n'en disons rien. C'est comme un grand et noir secret que nous serrons sur notre poitrine. Mais nous le savons *pertinemment*. Au fin fond de nous-même, nous savons qu'est en cours maintenant quelque chose de différent. Nous sommes en voie de transformation.

Mais la transformation capitale qui accompagne la vieillesse concerne beaucoup plus que le bien-être physique, bien plus que la capacité de jouer un parcours de golf complet : un mode de vie entièrement différent de la partie de bridge du mercredi ou de la tournée hebdomadaire des cercles.

Une importante partie du processus de vieillissement consiste simplement à s'habituer à être plus vieux. Notre vitalité en tant que personne plus âgée dépend d'abord en partie de notre capacité d'apprendre à accepter cette réalité comme une étape de la vie, nouvelle et merveilleuse, mais différente. Il nous faut accepter, au fond de nous-même, d'être plus vieux dans une culture si centrée sur la jeunesse que la vieillesse y est cachée plutôt que célébrée.

« Moi ! 70 ans ? Impossible », nous disons-nous. On peut même presque entendre le ton de honte qui va de pair. Cela nous fouille le ventre et une alarme retentit dans le cœur. Comment la vie pourrait-elle être déjà quasi terminée, nous alarmons-nous, quand nous commençons à peine à la comprendre, à y prendre plaisir, à l'aimer. Si nous nous laissons séduire par la notion qu'être plus vieux constitue un obstacle à la vie, à la crainte du vieillissement s'ajoute alors la perte de l'une des périodes les plus intenses de la vie.

Le problème vient de ce que la préparation au vieillissement dans le monde moderne semble presque entièrement se résumer à l'achat de crèmes antirides et à l'abonnement à un club de remise en forme — quand il nous faut maintenant en vérité transformer non pas tant le regard que nous portons sur les autres que la manière dont nous concevons la vie. La vieillesse est le moment où nous arrivons à nous accepter nous-même. Nous commençons à regarder en nous. Nous commençons à trouver plus de force dans l'esprit que dans la chair.

La façon dont nous nous percevons nous-même évolue de période en période dans la vie. Il ne s'agit pas d'une expérience préétablie et sa définition la plus marquante s'élabore à l'âge mûr. Nous exerçons tous alors une certaine forme de pouvoir, si limité soit-il, ne serait-ce qu'en raison de notre ancienneté. Nous nous retrouvons responsable quelque part : responsable des enfants, dans un poste de supervision au travail, en position de préséance dans la famille, à un échelon supérieur au sein du groupe. Nous sommes arrivé.

Mais tout à coup, semble-t-il, et aussi discrètement que je suis arrivé, me voici destitué. Pouvoir et responsabilité ne peuvent plus me définir. Il me faut maintenant trouver en moi-même ce qui, quoi que ce puisse être, me confère une place bien particulière dans le monde qui m'entoure : on s'amuse en ma compagnie ; je m'intéresse aux gens ; j'ai commencé à vivre comme jamais pour des réalités plus importantes, plus graves, plus essentielles. Je suis maintenant un gardien, une sentinelle citoyenne, un défenseur du peuple, un camarade. Je commence maintenant à me percevoir différemment. Je commence à découvrir que, de bien des manières, je suis beaucoup plus important maintenant que je ne l'avais été jusque-là dans ma vie.

Je commence aussi à voir le monde différemment. Il faut le chérir, l'explorer, l'apprécier. Une soirée à la plage, à l'heure où se couche le soleil, vaut tous les cocktails auxquels j'ai été présent.

Les autres commencent de même à me regarder différemment. Ils sont aussi transformés que je le suis. Je ne les vois plus comme des personnages. Ce sont des gens maintenant, des individus – pas des énigmes, des « relations », ni un instrument de mesure de ma valeur à moi. Ma valeur dépend maintenant entièrement de moi, de la personne que je suis avec les autres.

Je remarque également que le nombre d'absolus dans ma vie est radicalement réduit. Je suis maintenant beaucoup moins dogmatique en ce qui regarde la nature de Dieu. Je ne suis plus aussi catégorique que jadis quant à ce qui est sérieusement condamnable et ce qui ne l'est pas. Mais le plus important est que je suis heureux de laisser cette décision entre les mains de Dieu dont la nature me semble beaucoup plus miséricordieuse maintenant – à mesure que je deviens moi-même plus compatissant.

Enfin, je vois aussi la vie avec des yeux neufs. Autrefois, je me la représentais comme une espèce de course à l'argent, au prestige, aux possessions matérielles. Je la vois maintenant en soi comme un bien précieux. Je commence à saisir qu'elle n'est pas affaire d'avoir beaucoup – mais d'avoir assez. Je commence à comprendre que la tragédie de la vie est que tant de gens aient si peu qu'avoir même juste assez leur est inaccessible. Je commence à comprendre qu'il y a de l'injustice à cette situation. J'ai eu plus qu'assez d'aide dans ma vie. Qu'en a-t-il été pour les autres ? Quelle est maintenant ma responsabilité à leur égard ?

C'est l'heure de la transformation finale et intégrale. Je suis devenue intégralement moi-même, mais seulement après avoir été capable de déposer les artifices du moi comme les titres, les privilèges, les symboles et les prétentions d'être plus que je ne suis – et du coup moins que je ne suis.

L'un des fardeaux de ces années est la possibilité que je reste davantage enfoui dans mes pertes que conscient de mes gains.

L'un des bienfaits de ces années est la transformation du moi en vue d'être, une fois pour toutes, le moi que je me suis employé toute ma vie à devenir – une oasis de sérénité dans un monde réfractaire à la vieillesse, acmé même de la vie.

NOUVEAUTÉ

« VIEILLIS À MES CÔTÉS ! écrit Robert Browning. Le meilleur est encore à venir : les dernières années pour lesquelles les premières ont existé. »

Idée grisante que cette notion d'excursion dans la nouveauté juste au moment où nous entamons, nous le savons, ce qui sera certainement la dernière grande période de notre vie. La seule chose qu'il nous reste maintenant à découvrir, présumons-nous, est le moment où cela prendra fin, où cela se terminera pour de bon. Et comment.

Mais il s'agit là au mieux d'une vision très étriquée de la vie, d'une vision qui ignore complètement la nature de la vie. La vérité est que la vie poursuit son cours, même lorsque nous essayons de nous y soustraire.

Nous pensons que nous ne quitterons jamais la maison que nous habitons – puis le toit fuit, le sous-sol est inondé ou nous n'arrivons tout simplement plus à gravir ce long, ce haut escalier. Et nous emménageons dans un nouvel endroit, un endroit sans passé pour nous enchaîner.

Nous pensions nous être « retiré » – et voici qu'en peu de temps tous les gens en ville qui ont besoin d'aide, besoin d'un conseiller, besoin de compagnie, besoin d'un membre de comité ou besoin de sang neuf, découvrent que nous sommes maintenant disponible, maintenant libre, et nous nous retrouvons plus occupé que jamais.

Nous pensions que nous serions seul le reste de nos jours – et puis il y a cette première rencontre, suivie d'une conversation, suivie de quatre dîners par semaine. Et la vie recommence à rire en nous. Nous avons quelqu'un à qui parler, une nouvelle occasion de raconter des histoires, un désir renouvelé d'écouter, l'excitation d'être entendu – de l'être vraiment.

La vie change. Il est de l'essence même de la vie de changer. Il est de la nature spirituelle de la vie d'avoir des exigences, de proposer de nouveaux défis, de nous inciter à la vivre.

Mais que la vie change n'est pas ce qui fait problème. Le changement va de soi. Il vient, que cela nous plaise ou pas. Que nous l'admettions ou pas. Que nous le voulions ou pas. Cela aussi va simplement de soi. Ce qui fait vraiment problème est beaucoup plus subtil.

Ce n'est pas le changement qui nous détruira. C'est l'attitude que nous adoptons devant le changement qui comptera. Bien entendu, l'état d'esprit dans lequel nous le recevons donne sens à la fin d'une étape de la vie. Plus que ça, il détermine aussi la profondeur spirituelle avec laquelle nous entamons la nouvelle étape.

En somme, il s'agit d'évaluer si notre existence a maintenant du sens pour les autres, mais aussi pour nous-même, ou si elle se confond simplement avec un temps d'arrêt obligé entre la fin de la vie, déjà survenue, et la fin du corps assurément imminente.

La vérité, c'est que ce nouveau stade de la vie libère comme nul autre stade du développement ne peut virtuellement le faire. C'en est maintenant fini des luttes. Nous n'avons plus à faire nos preuves. Nous n'avons plus à faire approuver notre emploi du temps. Nous n'avons plus à travailler, à produire, à mettre à l'abri du besoin notre famille, ou à prendre les devants. On ne nous demande rien d'autre que de nous épanouir. Comme les fleurs automnales aux riches coloris, aux tons soutenus et résistantes au vent, notre vie ne prend pas seulement une nouvelle couleur, elle garantit le genre de profondeur intérieure dont a tant besoin un monde qui change rapidement.

Si nous décidons que la vie est finie une fois disparu le fourniment de l'âge mûr — la carrière, la fonction, les enfants, l'ascension dans l'échelle sociale — et que rien d'autre ne mérite d'être tenté, que la définition même de qui nous sommes a été sommairement confisquée, il en sera alors ainsi, bien sûr. Nous avons nous-même signé notre fin.

Mais si nous pouvons nous convaincre de maintenant mettre à l'épreuve cette autre part de nous-même, un tout nouveau monde s'offre à nous. Il nous est maintenant donné d'éprouver des parties de nous-même soigneusement dissimulées aux autres pendant toutes les années de responsabilité et de productivité — que, plus souvent qu'autrement, nous nous sommes dissimulées aussi à nous-même.

Et c'est le vouloir, le désir d'essayer qui change tout.

Pour grandir à un âge avancé, il faut la curiosité de l'enfant de cinq ans et l'assurance de l'adolescent. Il n'y a rien que nous ne puissions faire si nous voulons le faire. Nous pouvons apprendre une autre langue ; nous pouvons traverser à pied la ville de part en part ; nous pouvons arpenter la rue, nous présenter à nos voisins et proposer de leur cuisiner un gâteau une fois la semaine si cela leur fait plaisir.

Ou nous pouvons créer un service de voiturage à l'intention des parents qui, après les heures de travail, passent leurs soirées à conduire leurs enfants à des répétitions d'orchestre, au basket-ball, à des cours de gymnastique, à des rendez-vous chez le dentiste, et à les en ramener.

Nous pouvons créer un club du livre dont les discussions et le buffet mensuels se tiendront tour à tour dans une maison puis une autre ; ainsi chaque membre du groupe aura de la compagnie.

Nous pouvons servir de guide à des groupes de touristes, devenir un mordu d'histoire locale, suivre tous les cours de formation aux adultes qui se donnent en ville.

En d'autres mots, nous pouvons être tout ce que nous voulons être maintenant – sans façon, sans cérémonie, sans prétention. Nous pouvons nous recréer nous-même pour être créateur, dans le monde, d'une manière différente de celle que nous autorisaient les contraintes de notre vie antérieure.

Et si nous ne voulons rien faire de trop compliqué ? Alors nous pouvons simplement nous distraire. Il n'y a rien de répréhensible au loisir – à une bonne musique, un bon livre, une bonne marche, une bonne conversation – s'il est pleinement utile et enrichissant. Mais nous devons simultanément nous demander ce qui nous incite maintenant à vouloir nous retirer du genre de vie que nous menions encore très récemment ? Plus les gens sont jeunes au moment de la retraite, nous disent les chercheurs[10], plus est difficile la transition de la retraite, plus ils sont chagrins, moins la vie a d'attraits pour eux. La vie est l'unique antidote à l'absence de vie. L'essentiel, maintenant, est de nous adonner à quelque occupation que nous estimons pour elle-même.

Une seule chose est maintenant nécessaire : nous devons choisir d'embrasser un nouveau genre de vie, reliée au passé comme de raison, mais affranchie des restrictions qui nous y enchaînent. Nous devons percevoir comme bon ce que nous y faisons. Nous devons nous-même la trouver vivifiante. Nous devons être un don au monde – d'une manière ou d'une autre, pour une raison ou une autre, pour quelqu'un.

La nouveauté est une calamité plutôt qu'une bénédiction pour ceux et celles qui entrent lavés, vidés, enragés, blessés, humiliés et cabrés dans cette période de la vie. Ceux-là restent renfrognés et apathiques dans leur fauteuil, sans revivre, sans vivifier personne d'autre non plus dans la vie. Ils n'apportent aucune joie en ce monde parce qu'ils n'ont pas de joie à donner. Ils deviennent de vieux grognons, de vieilles pleurnicheuses – *non* parce que la vieillesse consisterait en cela, mais parce qu'ils ont choisi d'être moins que ce qu'ils sont censés être. Ils ont choisi d'être moins que ce que Dieu a en tête pour eux ces années-ci : une autre sorte de plénitude de vie, une autre sorte d'utilité.

Nous ne changeons pas en vieillissant – nous devenons simplement davantage l'être que nous avons toujours été. Il y a la tentation de baisser notre garde à mesure que nous vieillissons, comme si nous étions maintenant en droit d'être moins que le meilleur de nous-même. Nous sommes tenté d'exposer des parties inachevées de nous-même sans rien faire pour les achever.

Mais nous sommes venu en ce monde pour le quitter aussi achevé possible. Nous ne cessons pas de grandir dans la vieillesse qui est précisément le moment de grandir de nouvelles manières. C'est la période pendant laquelle nous entreprenons de trouver un sens à tout le chemin déjà accompli. C'est la saison lénitive, celle où tout en nous est censé parvenir à son expression la plus pure, la plus riche, la plus unique.

Voici venue la saison où prendre le temps de nous demander à nous-même comment les différents moments – grands et petits – de notre existence se sont inscrits dans le tout. Notre vie a-t-elle été en cohérence avec eux ? Ont-ils trouvé un sens ? Ont-ils eu un centre, un but, une direction, une unité spirituelle ? Et si oui – ou sinon –, quelle est la conclusion de cette évaluation, conclusion à laquelle nous devons consacrer maintenant toute notre attention ? Qui sommes-nous après tout ce temps, après toute cette construction d'une vie ?

Elle effraie, cette nouveauté-là. Nous ne savons plus guère qui nous sommes – qui nous sommes vraiment. Nous avons passé de si nombreuses années à faire ce qu'on attendait de nous ou, au contraire, à refuser de faire ce qu'on attendait de nous que la découverte de cette personne appelée le moi peut s'avérer autant un mystère pour nous-même que ce doit l'être pour notre entourage.

Il faut maintenant nous demander : Avons-nous déjà dit à quiconque ce que nous pensions vraiment ? Avons-nous déjà fait ce que nous désirions réellement ? Et qu'est-ce qui en a résulté pour nous – de bien et de mal ? En particulier, qu'est-ce que cela nous apprend sur l'ici et maintenant ?

Il faut vouloir la nouveauté de la vieillesse pour en faire la période stimulante qu'elle est en puissance. Elle n'est pas une période stérile. Elle n'est pas un temps de narcissisme débridé. Elle est le point dans la vie où nous pouvons mettre à profit tout ce que avons appris jusque-là.

Nous n'avons pas atteint cette période seulement pour nous-même.

Cette période marque une nouvelle étape dans le développement spirituel qui est censé être plus que le développement du moi. Comment expliquer autrement toute l'expérience, toute la clairvoyance que nous y apportons ? Elle a sa raison d'être, pour nous et pour l'entière communauté humaine. Elle ne peut être néant pour le néant.

~

L'un des fardeaux de ces années est le sentiment d'irrévocabilité engendré par la connaissance que ce temps, peu importe combien il en reste, est le temps de la fin. Alors le poids de ce qui reste à achever en nous produit ses ravages.

L'un des bienfaits de ces années est que nous pouvons en faire, si nous le voulons, quelque chose de prodigieux, une espèce d'étoile filante qui traverse le ciel de la race humaine.

~

ACCOMPLISSEMENT

« PERSONNE N'A JAMAIS ÉTÉ si complètement expert dans la conduite de la vie, dit Jonathan Swift, pour ne pas tirer de nouvelles connaissances de l'âge et de l'expérience. »

Quelle est la plus grande différence entre les États-Unis et la plupart des autres pays autour du globe ? Il y a de multiples façons de répondre à pareille question, bien entendu, mais il existe un indicateur de différence sociale qui pourrait s'avérer encore plus révélateur que les classiques indices économiques ou politiques – il s'agit de l'âge moyen de la population. Aux États-Unis, la moyenne d'âge de la population est aujourd'hui de 36 ans. Dans bien des parties du monde, elle est de 25 ans – ou moins.

En d'autres mots, la population des États-Unis est grisonnante.

Elle n'est pas que grisonnante, elle est également vigoureuse. Pour la première fois de l'histoire, le nombre des moins de 17 ans et des plus de 65 ans sera presque égal d'ici l'an 2030. La mortalité infantile a été endiguée et les adultes vivent vraiment très vieux. En 1900, 40 % de la population avaient moins de 17 ans et seulement 4 % plus de 65 ans[11]. Plus maintenant. Plus ici. Trente-trois millions d'individus – plus de 10 % de la population des États-Unis – ont maintenant 65 ans et davantage. On s'attend à ce que ce nombre ait plus que doublé d'ici 2030 et avoisine alors les soixante-dix millions[12].

C'est important, bien sûr, sous de nombreux rapports. Cela explique la demande grandissante d'hôpitaux, de résidences pour aînés et de communautés intergénérationnelles. Cela signale aussi le poids politique croissant d'une génération qui comptera bientôt pour 25 % de la population en âge de voter dans l'ensemble du pays[13]. Cela aura une incidence sur ce que produiront les entreprises dans les années à venir et sur la portion de la population qu'elles séduiront ainsi. On peut déjà observer ce glissement dans les publicités télévisées qui exaltaient les équipements sportifs voilà vingt-cinq ans et privilégient maintenant les aliments diététiques ou biologiques. Il existe même de la publicité pour les arrangements funéraires de manière à nous éviter d'être « un fardeau pour nos enfants » qui pourraient bien, pour la plupart, ne pas même vivre à proximité quand nous vieillirons.

La dépérissement n'est plus la principale caractéristique du vieillissement. Nous nous développons au contraire maintenant de manières que, jusqu'à tout récemment encore, nous aurions considérées impossibles à quiconque avait plus de 40 ans.

La vieillesse n'entraîne plus une proposition de garde. Grand-mère n'habite plus désormais « sous notre toit ». Elle est beaucoup plus susceptible de vivre seule, dans sa maison ou son appartement bien à elle, de conduire une voiture jusque dans sa huitième décennie et d'être bénévole à la bibliothèque du voisinage.

Le dépérissement n'est pas notre affaire – tant en matière de chiffres que d'âge.

Nous mangeons mieux, courons moins de risques d'incapacités physiques, disposons de prothèses auditives et de supports visuels, et sommes actifs à tous les échelons de la société des années durant. Non seulement composons-nous la population de vieillards la mieux portante des temps modernes, nous sommes aussi la plus active. Et ces tendances ne se confirment pas que dans les pays industriels. Partout les niveaux de vie augmentent et il en va de même de la population vieillissante de chaque région.

Mais la longévité n'est pas le seul indicateur des changements fondamentaux du vieillissement. Nous savons maintenant que le cerveau, irrémédiablement condamné à la sénilité progressive avec les ans – croyait-on jadis –, continue lui aussi à se développer de façons inédites. Non seulement produit-il de nouvelles cellules, il développe aussi de nouvelles façons de penser.

Les scientifiques ont découvert que, si les personnes plus âgées ne sont pas statistiquement aussi rapides que les plus jeunes, elles ne pensent pas moins efficacement que la jeunesse, mais différemment – avec plus de pénétration, plus de discernement, plus de sens philosophique. Les mécanismes de la pensée chez les jeunes et les mécanismes de la pensée chez les aînés diffèrent un peu à la manière dont se distinguent la rapidité du jeu électronique et la finesse du logicien. Les jeunes foisonnent d'idées, mais souvent sans leur donner forme ni figure. Si des personnes plus âgées se penchent sur les mêmes données que des jeunes, elles auront tendance à les fondre en des concepts plutôt que de les manipuler.

Ces découvertes peuvent déconcerter les jeunes générations à qui on avait appris à craindre la vieillesse ; elles imposent aussi aux personnes plus âgées une nouvelle forme de responsabilité, une nouvelle manière de regarder le monde. Il n'y a plus d'excuse maintenant à renoncer simplement à la vie. Aussi longtemps que nous respirons, nous assumons une responsabilité pour la co-création du monde, une responsabilité pour le bien de la race humaine.

La vieillesse ne donne pas libre champ à l'irresponsabilité. Il nous faut maintenant prendre notre place parmi les sages de ce monde, comparer, évaluer, amadouer, mettre à contribution notre expérience comme l'on fait les aînés de chaque génération avant nous.

Nous avons en outre maintenant la responsabilité d'initier les nouvelles générations aux valeurs et idéaux qui ont édifié une société fondée sur l'égalité, le respect d'autrui, le pluralisme. Plus que ça, nous avons la responsabilité spirituelle de voir la vie comme une force morale plutôt que comme une simple affaire privée.

Nous devons finir par comprendre au fond de notre âme que la vieillesse n'est pas une maladie, qu'elle est une nouvelle expérience dans l'art de vivre sa vie, d'en épuiser la bonté, l'énergie, la gratitude, le calme et la sereine créativité.

~

Le fardeau du défaut d'engagement à nous accomplir est signe que nous sommes entré dans une période d'hibernation, que le vieillissement n'est plus que dégradation. La vérité, c'est que le vieillissement est signe de vieillissement. Rien de plus, rien de moins. C'est simplement nous, parvenu à maturité.

Le bienfait de l'engagement à nous accomplir est qu'en continuant à mettre au service des besoins présents de l'humanité nos compétences considérables, notre expérience et notre clairvoyance, nous deviendrons à coup sûr plus sage, au bout du compte plus solide spirituellement et plus que jamais une bénédiction pour le reste de la société.

~

POSSIBILITÉ

« Nous ne devenons pas plus vieux avec les ans, mais plus neuf chaque jour », écrit Emily Dickinson.

Pourquoi ? Parce que, chaque jour, la vie recommence à neuf et que nous nous devons d'être à sa hauteur. Dès lors, à moins que nous ne confisquions nous-même la vie, à moins que nous ne refusions de vivre au maximum chaque jour, nous sommes aussi neuf de nouveau.

« Jamais je n'avais imaginé atteindre un aussi grand âge, disait la femme. N'est-ce pas formidable ? » C'était une personne alerte et à l'esprit vif. Sa plus récente crise d'arthrose de la hanche ne semblait pas la démonter le moins du monde. Ses filles avaient apporté un déambulateur, par simple précaution, mais elle le refusa du revers de la main lorsqu'elle entra dans la pièce et la traversa sans aide. Elle aurait très bientôt 90 ans. À son sourire, on lui aurait donné 65 ans et, à ses promptes réparties, peut-être 70. Rien en elle ne correspondait aux clichés qu'on entretient sur les personnes de 90 ans.

Quand quelqu'un a offert d'aller lui servir une assiette au buffet, elle a riposté : « Pourquoi ? Je peux m'en charger moi-même. » Puis elle a ajouté, avec le malin plaisir de qui se sait depuis peu invincible : « Regardez… sans les mains! » Et elle s'est levée du fauteuil inclinable, généreusement rembourré, avec autant d'aisance que tous les autres dans la pièce.

Cette femme dont le mari était décédé depuis longtemps, dont les filles étaient elles-mêmes sexagénaires, dont les fils vivaient à plusieurs États de là, avait renoncé de longue date à sa maison et papillonné d'un appartement à un autre depuis maintenant des années. Elle était heureuse, drôle et des plus vivante.

En fait, elle était plus représentative des nouveaux aînés que nous nous en laissons généralement le temps d'en prendre conscience.

L'image que nous entretenons d'une population vieillissante est plus couramment une image de débilité et de dépendance, de triste isolement et d'inutilité sociale, d'âme en peine exilée dans les marges de la vie et qu'on laisse vivoter seule dans un monde disparu depuis belle lurette.

Mais à chaque décennie qui passe, les gens vivent plus longtemps. Et vivent seuls. Ils connaissent en outre, nous disent maintenant les données de la gérontologie, beaucoup moins d'années d'impotence. La vieillesse est plutôt, au moins dans les pays industrialisés, une période de douces libération et possibilité.

C'est aussi néanmoins communément une période de grande perturbation. Le monde moderne propose peut-être plein de « régimes de retraite », mais qui peut vraiment beaucoup planifier ? Et être sûr de réaliser ses plans ? La vie n'est pas une ligne droite, nous apprend-on. Elle serait plutôt une spirale.

Les personnes plus âgées quittent le quartier qu'elles ont habité d'innombrables années. Elles emménagent dans de petits appartements autour desquels vivent des gens qu'elles ne connaissent ni d'Ève ni d'Adam. Elles renoncent à des réseaux de connaissances et des lieux de prédilection, à d'adorables animaux de compagnie et des postes de prestige et d'influence, à des emplois sûrs et des hausses de salaire dans une société où le revenu annuel médian des femmes et des hommes de plus de 65 ans oscille entre 12 000 $ et 20 000 $[14].

La discontinuité pourrait bien être, en fait, l'un des paramètres déterminants du vieillissement dans le monde moderne.

Mais cette perturbation et cette discontinuité cachent autre chose. Elles sont l'occasion d'une possibilité tardive, mais émancipatrice.

Qui n'a pas connu une période dans sa vie pendant laquelle il aurait souhaité pouvoir simplement disparaître et tout recommencer à zéro ? La plupart d'entre nous ne saisissent toutefois pas que la vieillesse est aujourd'hui cette nouvelle vie. Et nous devons tous y faire face, de quelque manière. La grâce est d'en reconnaître le potentiel, tant spirituel que social, et de savoir en user.

Il nous est donné de nous faire de nouveaux amis, de nous créer de nouvelles activités, de nouvelles habitudes et, avec elles, de nouveaux cercles de connaissances. Nous tentons même, en des lieux improbables, des choses pour la première fois. Et il nous est donné de raconter toutes nos vieilles histoires à un tout nouveau groupe de personnes.

De tout ça se dégage une saisissante expérience de variété. Une espèce de vertigineux sentiment de possibilité.

Nous n'avons plus à nous parer des vieux rôles qui nous ont tant défini pendant de si nombreuses années. Nous pouvons être drôle, sot, irresponsable pour faire changement. Nous pouvons acheter de nouveaux trucs sans demander la permission à personne.

Nous pouvons même maintenant oser penser différemment. Et nous ne nous en privons pas !

Une autorité intérieure semble nous venir de nulle part. Nous mettons en question des choses auxquelles nous n'avions jamais songé jusque-là, dont nous avions encore moins douté. Et maintenant que nous ne sommes plus les gendarmes de la famille, nous pouvons apprécier immensément plus que jamais les jeunes, moins les juger, toujours les accueillir de bon cœur.

Nous prenons le temps de les écouter parce qu'ils font confiance à notre confiance en eux, à notre indulgence, à notre disponibilité de cœur. Les choses changent, nous le savons maintenant. Nous en sommes sûr parce que nous avons changé. Pour la première fois de notre vie, nous acceptons les gens tels qu'ils sont – ici et maintenant – parce que nul ne sait mieux que nous combien nous nous transformons tous avant de mourir.

Nous sommes libre d'attaches – de certaines manières, pour la toute première fois. Et si nous sommes une personne réellement équilibrée, nous découvrons combien nous sommes déterminée à vivre jusqu'au bout cette nouvelle étape de la vie, à en extraire chaque grâce, chaque délice, chaque nouvelle inspiration enthousiasmante, chaque réponse déboussolante à chaque question obsédante.

Tout ça requiert de l'énergie, bien entendu, juste au moment dans la vie où nous pourrions ne plus en avoir. Tout a paru si fatigant depuis si longtemps que nous aurions du mal à nous reconnaître si nous n'étions si fatigué. Mais la fatigue engendre la fatigue. Le seul moyen de ne plus être fatigué, c'est de faire quelque chose. Par exemple, inviter quelqu'un à m'accompagner à un spectacle. Apprendre à jouer au golf, joindre une association, fréquenter la piscine du Y, planifier des vacances dans la grande ville ou dans un parc national. M'inventer une toute nouvelle routine quotidienne avec une nouvelle poignée d'amis – et nous bâtir ensemble une autre vie.

~

L'un des fardeaux de ces années est de présumer que la vie est finie une fois qu'est opéré le grand virage d'être défini et délimité par le passé – si bon ait-il pu être.

L'un des bienfaits de ces années est de se rendre tôt compte que cette étape de la vie est riche de possibles, riche du désir de continuer à vivre, de profiter de son indépendance, de se doter de nouvelles activités et de réseaux de nouvelles fréquentations intéressantes.

~

ACCLIMATATION

« Savoir vieillir, écrit le philosophe suisse Henri Frédéric Amiel, est l'œuvre maîtresse de la sagesse et l'un des chapitres les plus difficiles du grand art de vivre. »

Les changements vitaux qui marquent très communément les dernières années d'existence requièrent des manières inventives de se livrer à l'exercice de vivre. Le plus difficile est qu'ils surviennent avec ou sans notre accord. Nous nous retrouvons en d'étranges situations avec des amis de fraîche date après la disparition d'anciennes relations d'une vie entière, ou de nouveaux maux nous terrassent. N'importe plus tant dès lors ce qui nous arrive que la manière dont nous choisissons de faire face à ce qui nous arrive. Ce n'est pas un moment facile à vivre.

Il s'agit effectivement pour nous de la dernière grande période de croissance comme être humain. C'est l'ascension des dernières varappes d'adaptation, de nouveauté, de changement, de développement spirituel. Cela exige de nous la moindre parcelle d'énergie, la moindre once de foi en la sainteté de l'univers qu'il nous reste encore à dépenser.

Pour ceux et celles qui ont le luxe de vieillir chez soi – la maison où j'ai habité toute ma vie adulte, la ville où il a grandi, le quartier qu'elle adore –, vieillir est presque toujours simplement la prolongement de la vie telle qu'elle était avant. Vieillir est alors simplement une phase comme les autres. Après tout, je vis ici même depuis de nombreuses années. Je connais les gens, les magasins, les lignes d'autobus, la ville entière. J'y ai encore ma place. Elle est tout simplement une pure extension de moi. Tout m'y est familier. Tout m'y rassure. En pareils cas, le nombre d'années que j'ai accumulées est pour ainsi dire indifférent. J'ai le sentiment d'être encore ce que j'ai toujours été. Mon univers professionnel s'est peut-être évanoui, oui, mais pas ma vie.

Il se produit malgré cela des changements, mais mineurs. Je réduis graduellement mes activités. Je ne sors pas travailler chaque matin. Je suis moins porté à conduire le soir. Je reçois moins d'invitations qu'autrefois à des dîners de fête. En dehors de ça, il y a peu de différences perceptibles entre avoir 64 ans plutôt que 67, ou en avoir 67 plutôt que 74. Ainsi vécue, la vie reste fondamentalement la même, quel qu'en soit le nombre des saisons.

À l'évidence, la première grande confrontation avec l'âge découle de la séparation d'avec ce qui m'est familier. Quand le monde d'hier et le monde d'aujourd'hui se retrouvent de part et d'autre d'une ligne de faille, quand le présent ne ressemble pas au passé, quand les cordes d'appel se rompent, alors le vrai changement est arrivé. Alors la vieillesse vient rugir à la conscience avec un timbre entièrement nouveau. Alors l'idée que je vieillis, que je me fais « vieux » prend des contours plus nets pour moi. Mon âme commence à changer de coloration. Je me découvre en train de me débattre pour rester psychologiquement en vie, si robuste mon corps puisse-t-il sembler.

D'abord s'éclipse l'emploi, puis s'éclipse la maison, puis viennent à s'éclipser les objets précieux : un babiole à la fois aux enfants ; un carton de vieilleries, puis un autre, aux copains du comptoir d'entraide. Puis s'éclipse l'intimité, puis le chien et le chat, le secrétaire et les documents, les voyages et, un jour, la voiture. Puis, enfin, pour la première fois, s'éclipse le moi.

La personne que je me savais être naguère – aimable, heureuse, accommodante, satisfaite – est elle aussi menacée de s'éclipser. Il est plus difficile de contenir le côté tranchant du bon vieux caractère. Plutôt que de m'intéresser aux autres, je reste à ressasser mes deuils au crépuscule, dans l'obscurité. La mine grise est permanente. Le sourire fugace.

Tous les signaux d'alarme sont bien visibles. Un jeune être – moi – se meurt des années avant son heure. Et la seule personne capable de me sauver de moi n'est autre que moi-même. Puis je commence à comprendre, comme jamais, que la sainteté est faite de quotidienneté, de vie vécue telle qu'elle s'offre à moi – non comme je tiens à ce qu'elle soit.

Il est temps de descendre au tréfonds de l'âme et de mesurer ce qui m'arrive. Non que les changements ne soient pas pénibles. Ils le sont, bien sûr. C'est seulement que, dans mon propre intérêt, si pénibles soient-ils, je ne puis les laisser être les derniers. La vie continue – et je dois en faire autant. Mais comment ?

Comment nous serait-il possible de nous défendre contre une situation semblable ? Comment nous charger de réalités dont nous refusons de nous charger, si souhaitables puissent-elles être en elles-mêmes ? Comment faire face à ce que nous estimons ne pouvoir endurer? La réponse simple, mais angoissante, est qu'il n'y a d'autre choix que d'y faire face. Nous y ferons face, ne serait-ce que parce que nous le devons. Reste seulement à voir si nous choisirons de bien – ou mal – y faire face.

Apprendre à faire face aux aléas de la vie est un travail de longue haleine. Nous commençons tôt dans la vie à en faire l'expérience – et nous accusons les autres d'être la cause de toute situation dans laquelle nous nous trouvons, par exemple, ou nous boudons pour signifier au monde entier que nous ne sommes pas content. Avec le temps, nous apprenons que bouder, accuser les autres ne règle rien, que cela ajoute seulement au contraire à la peine que nous éprouvons.

La vérité, c'est qu'il n'y a rien de plus important dans la vie que d'être capable de bien réagir aux changements qui surviennent à mesure que nous vieillissons. Ce sont là capacités d'adaptation qui nous serviront jusqu'à la fin. Le bonheur de nos dernières années de vie en dépend.

Toutes les capacités d'adaptation ne sont toutefois pas du même ordre. La psychologie en définit pour nous les différences[15]. Il existe à un niveau élémentaire des mécanismes d'adaptation qui nous permettent simplement de nous désengager complètement d'une situation. Ainsi certaines personnes fuient-elles dans le délire sous la pression du changement. Elles rompent totalement avec la réalité. Elles sombrent dans ce que la communauté médicale appelle la « sénilité précoce ». Elles relâchent leur étreinte sur la vie. Elles s'enfoncent. Elles deviennent renfermées, parfois même incohérentes. Nous savons qu'elles sont déconnectées de la vie, comme une personne en mer qui lâche simplement le cordage la reliant au canot.

Mais ces cas sont l'exception. Plus souvent qu'autrement, nous restons très présent à ce qui nous arrive. Nous nous y débattons. Nous en parlons. Nous en sommes obnubilé. À la fin, deux solutions s'offrent à nous: transformer notre nouvelle vie en une expérience électrisante, palpitante ou résister au changement au point d'en devenir nous-même une force de résistance.

La résistance est le niveau d'adaptation suivant. Les personnes en pareil état sont fonctionnelles, mais manquent terriblement de maturité dans leurs réactions affectives. Oui, elles s'acquittent des simples formalités de la vie. Elles continuent à faire la lessive, à prendre leurs médicaments, à soigner leur mise dans une certaine mesure. En même temps, elles ne sont toutefois plus les personnes que nous connaissions. Leur âme croupit dans sa coquille. Petit à petit et de manières anodines, mais qui ne trompent pas, elles se mettent à punir le monde autour d'elles pour la situation dans laquelle elles se trouvent. Quand vient finalement le temps de déménager, elles peuvent refuser de boucler leurs valises pour quitter la maison, ou elles tombent malades ou ne s'habillent pas. Le message est clair: si tu veux que je sois prête à partir d'ici, il faudra que tu y vois toi-même. Ou elles entonnent le refrain des reproches: tout ça c'est la faute des autres, pas de moi, ni de mon état de santé ni de mes finances. Assurément pas de moi. « Si le médecin m'avait traitée plus tôt pour ça, je n'aurais pas à partir d'ici », clament-elles. Ou bien: « C'est à cause de ma fille si je ne peux pas vivre seule. Elle aurait pu cuisiner pour moi, si elle avait voulu. »

Ce genre d'agressivité passive, de projection sur les autres de la responsabilité de ma situation, mine les bons rapports que j'entretenais avec les gens de mon entourage juste au moment où j'aurais le plus besoin d'eux. Jadis bonne, équilibrée, agréable, ma personnalité est maintenant faussée, déformée, assombrie. Je deviens un être maussade, geignard, un ressasseur de rêves fous et désormais inaccessibles à quiconque est de mon âge ou dans ma situation. « Qu'a-t-il bien pu lui arriver ? se demande-t-on. C'était depuis toujours une personne tellement agréable, décontractée. » Et on se met à nous éviter.

Au troisième niveau des compétences d'adaptation, les gens peuvent quitter avec un degré minimal de commotion un endroit qu'ils ont habité des années durant, mais mal s'adapter à leur nouvel environnement. Ils parlent peu de leur déménagement. Ils refoulent plutôt leurs émotions au point d'en devenir froids et indifférents. Ils retourneront par exemple leur colère d'avoir été déracinés contre les individus qui gèrent le nouvel établissement où ils se retrouvent. Rien n'est bien. Tout — nourriture, insonorisation, soins, entretien des lieux – laisse à désirer. Ils prétendent qu'on les néglige, les malmène ou les traite injustement. Ils se terrent dans leur logement et refusent de s'acclimater. Ils se refusent purement et simplement à accepter leur situation présente et ne cessent d'exiger qu'on leur permette de reprendre leur vie d'antan. Ils sont butés. Ils stagnent. Ils rouspètent. Ils refusent d'évoluer. Ainsi leur famille les perd-elle longtemps avant leur mort. C'est une interminable et lugubre traversée pour toutes les personnes concernées. Ce qui pourrait être plaisant, salutaire, libérateur devient une prison pour l'âme, la prison dorée du cerveau. L'esprit n'est que cendre et poussière.

Mais il y a une autre façon d'aborder ces années. Ceux dont les mécanismes d'adaptation sont à maturité, ceux qui ont réagi toute leur vie avec aplomb et courage devant les difficultés se garantissent du stress du changement fondamental en en faisant peu de cas. Ils transforment en une sorte de grâce inattendue l'affliction qu'ils en ressentent.

« Regarde ma nouvelle demeure, dit la vieille dame en montrant fièrement le minuscule studio où elle a emménagé après la vente de sa maison. J'aurais dû vivre dans un plain-pied quand j'avais les enfants. Ce magnifique appartement m'arrive des années trop tard », fait-elle en riant. Une autre femme a finalement emménagé sans un mot de protestation dans la résidence de retraités du voisinage. Elle n'est jamais retournée à sa maison, même si plusieurs l'y auraient amenée de bon cœur à n'importe moment. « Non, chère, a-t-elle répondu à une jeune amie, je n'ai pas besoin d'y retourner. Ma maison, c'est ici maintenant. » Et elle montre d'un geste de la main le grand salon des visiteurs à l'avant de l'immeuble. « Tant de gens ont besoin d'aide ici. J'ai tant à faire ici. »

Les individus de cette trempe ont indéniablement atteint la maturité spirituelle. Ils supportent la souffrance en lui substituant de nouvelles joies. Ils soutiennent les combats de leurs semblables pour transcender les leurs. Ils vivent dans l'anticipation des plus simples plaisirs de la vie : des fleurs fraîches sur la table ; un petit balcon avec vue sur le jardin communautaire ; une occasion de se faire de nouveaux amis dans l'immeuble ; la chance de profiter de la vie sans devoir s'inquiéter de la toiture, de la cour, de l'entretien ménager. Ils se refusent simplement à vivre dans le passé, à vivre dans la nostalgie de leurs souvenirs. « Le temps s'écoule inexorablement », disent-ils et, avec un sourire pour tous ceux qu'ils croisent, ils avancent à son rythme.

Pour la plus jeune génération, ils sont un signe qu'il y a bien de la vie après 70 ans. Beaucoup de vie. À condition de se la ménager soi-même.

~

L'un des fardeaux de ces années est qu'il nous faut décider en connaissance de cause de la manière dont nous vivrons, du type de personne que nous serons maintenant, du genre d'être et de spiritualité que nous apporterons à chaque groupe, de l'intensité avec laquelle nous entendons vivre.

L'un des bienfaits de ces années est d'être capable de vivre de si bon cœur et de nous acclimater si bien que les autres puissent se tourner vers nous et voir ce que le fait d'être vieux peut apporter de vie, de sainteté, de bonté pour refaire à neuf le monde.

~

Capacités d'adaptation

1. désengagement = se déconnecter / rompre avec la réalité

2. [illegible] a [illegible] projection [illegible] par les autres [illegible] - [illegible] les autres
b [illegible] - [illegible]

3. être présent - [illegible] + trouver de nouvelles joies
- [illegible]
- refuser de s'enfermer dans le passé

ÉPANOUISSEMENT

« De toute façon, en effet, à l'égard des sens, la vieillesse apporte beaucoup de paix et de liberté, écrit Platon. Car lorsque les désirs se calment et se détendent, le mot de Sophocle se réalise pleinement : on est délivré de maîtres innombrables et furieux » (*La république*, Livre I, p. 3-4).

La jeunesse est une marmite de sujets brûlants : carrière et rêve, rencontres et amours, succès et insuccès.

L'âge mûr marque l'apogée de ces épreuves. Nous nous absorbons alors dans la tâche de porter à une certaine forme d'achèvement les décisions prises plus jeune. Nous voulons être reconnu au travail. Nous avons besoin d'élever nos enfants à nous. Nous sommes occupé à nous « établir » – dans la communauté locale, en affaires, dans la famille, dans la vie mondaine de la cité. Nous sommes occupé, en tout temps occupé. Nous courons et travaillons, travaillons et courons. La vie n'est qu'un long feu roulant d'émotions. Elle nous mène d'un sommet à un autre, d'un abîme au suivant. À l'âge mûr, on vit souvent dangereusement.

Quelque part au beau milieu de la tourmente émotive de l'âge mûr, nous nous assagissons. Nous apprenons que la plupart des crises ne sont pas réellement des crises. Elles sont simplement la vie. Alors, quelque part en cours de route, nous cessons de vouloir autant lui imposer nos vues. Nous commençons à trouver un équilibre.

Et lorsque le vieillissement plaque son accord dans notre cœur, nous avons été préparé à l'affronter loyalement, résolument, allègrement. Nous sommes alors au moins capable de regarder la vie dans les yeux et de les lui faire baisser.

Ils sont partout les femmes et les hommes dont parle Platon – sereins et satisfaits, en paix avec eux-mêmes, heureux de ce qu'ils ont, fiers de qu'ils ont fait et parfaitement en paix avec la réalité qu'ils ne le font plus. Tous, nous les avons vus ; tous, nous avons été frappés par l'aisance avec laquelle ils traversent la vie. Cependant, nous ne parlons pas beaucoup d'eux. Qu'arriverait-il finalement à notre économie increvable et dévastatrice si la société dans son ensemble prenait un jour conscience qu'ils sont nombreux à bien se tirer d'affaire. À mener une existence ne nécessitant pas d'interminables déplacements quotidiens et leur évitant les bouchons de circulation en fin de journée. À n'être aucunement intéressés à obtenir davantage.

Doris avait enseigné à l'université des années durant. Gravir en tant que femme les échelons au sein du corps professoral, à l'époque des revendications féministes, lui avait rendu la vie plus excitante qu'elle ne l'aurait jamais cru possible. Dans le processus, elle avait connu les promotions, la titularisation et les fonctions administratives. Il avait même été question qu'elle passe à une université plus prestigieuse recrutant des femmes pour pouvoir se targuer d'être une institution à l'avant-garde en matière d'égalité des droits. Mais non. Elle aimait bien la petite cité universitaire et son travail de bénévole au théâtre des enfants. Aussi, une fois à la retraite, habitait-elle toujours la vieille maisonnette au centre de la ville et montait-elle des spectacles de marionnettes avec les enfants de la rue.

Psychothérapeute, Bill travaillait douze heures par jour. Rendus malades par la vie trépidante qu'ils menaient, les gens venaient le consulter pour regagner leur équilibre, pour ralentir un peu, pour trouver le courage de repartir sur de nouvelles bases. Et il ne refusait jamais un client. Avec le temps, toutefois, la fatigue nerveuse de les écouter des heures d'affilée avait graduellement eu raison de son sentiment de bien-être personnel. Il avait fermé son cabinet et s'était installé dans un autre État pour donner à tous l'exemple d'une façon différente de vivre. Aujourd'hui, il gère un immeuble ou deux et il contribue par des dons en espèces à des œuvres de bienfaisance qui viennent en aide aux sans-le-sou.

Tels sont les havres spirituels de ce territoire appelé l'économie mondiale, la grande industrie, la cupidité de l'entreprise, l'insatiabilité. Et comment en rendons-nous compte dans une société qui prépare les gens à s'identifier davantage au pouvoir et au rang social qu'au fait même de vivre ? Comment expliquer que certains d'entre nous aspirent à la retraite aussi désespérément que d'autres y résistent ?

Seule la vieillesse nous enseigne qu'il est possible de réaliser nos projets, mais que notre qualité de vie décline. Les vies en apparence réussies sont souvent brisées par cette réussite même.

La vieillesse est l'antidote de la destruction personnelle, la vocation au développement spirituel parce que la vieillesse nous conduit finalement à ne plus chercher nulle part ailleurs qu'en nous le réconfort, qu'en nous la richesse, qu'en nous ce qui compte vraiment.

C'est l'heure où la vie ralentit. Nos passions et nos vices – colère, jalousie, envie, orgueil – s'endorment au point que nous commençons à nous éveiller à un tout autre plan de la vie. La vie intérieure, la quête du sacré, prend le relais de telle sorte que nous pouvons commencer à mesurer combien d'énergie les passions et les vices ont coûté à notre vie.

L'orgueil nous a conduit à nous démener pour des objets tellement inaccessibles que nous en avons oublié notre véritable identité.

De vieilles colères ont couvé en nous de si longues années qu'une bile invisible nous a privé de bons moments. Elles commencent maintenant à s'éteindre. Mais qu'est-ce qui nous tracassait à ce point de toute manière ? Et cela en valait-il tout ce mauvais sang ?

L'envie nous a bien trop souvent abusé. Nous avons découvert, après l'avoir enfin obtenu, que d'avoir ce que nous voulions ne change vraiment pas grand-chose. Nous sommes encore qui nous avons toujours été, un être agité et désorienté.

La concupiscence nous a ravi l'énergie nécessaire à des relations durables. Nous étions obnubilé par le frisson de la chasse plutôt que par la profondeur de la relation. Et nous sommes tombé plusieurs fois dans le panneau.

La gloutonnerie nous a toujours laissé plus encore affamé de tout. Nous avons perdu la capacité d'être satisfait et gaspillé une partie de la vie à nous gaver d'éphémère.

Par paresse nous nous sommes muré en nous-même. Nous avons attendu que la vie vienne à nous et n'avons par conséquent pas su nous éduquer à faire ce qui aurait été bien pour nous.

La convoitise nous a amené à négliger les richesses en nous pour nous concentrer sur les objets autour de nous. Nous avons voulu ce qu'avaient les autres au point de ne pas savoir apprécier les grâces de notre vie personnelle.

Mais à mesure que nous vieillissons, l'or perd son éclat. Vient un moment où l'argent ne peut absolument rien pour nous, sinon nous procurer toujours davantage de jouets coûteux pour tenter de combler notre vide spirituel.

Quand le feu de l'ambition nous a consumé, quand l'appétit de pouvoir nous a détruit, ne nous reste plus qu'à chercher refuge dans les rares charbons tièdes de l'âme que nous avons réussi à conserver, même si nous avons négligé de les attiser.

Les passions se taisent maintenant et les vieux charbons d'émerveillement, de perspicacité, de recentrement intérieur, s'avivent en nous. Nous en venons étonnamment à comprendre que, quoi que nous ayons, c'est suffisant. Et la vie même retrouve sa richesse. Rien ne nous dévore plus maintenant. Rien d'inaccessible ne nous attire plus désormais. Ne nous reste plus maintenant rien d'autre que nous-même. Et nous finissons par comprendre que c'est suffisant.

Nous ne sommes plus à la merci du moi. Il est temps de goûter à l'essence de la vie plutôt que de s'inquiéter de l'accessoire. Il aura fallu presque une vie entière pour goûter un coucher de soleil, apprécier la compagnie d'un semblable, renoncer à ce qui a toujours été superflu, apprendre à se délecter de ce qui est suffisant – mais l'attente en valait la peine.

L'un des fardeaux de ces années est la conscience de tout ce qui nous a échappé si longtemps tandis que nous vendions notre âme aux idoles du moment.

L'un des bienfaits de ces années est l'égalité d'âme née de la connaissance qu'aucun des détours de la vie n'était réellement perte de temps. La vérité est que nous avons appris de chacun d'eux quelque chose d'inestimable. Nous avons appris qu'il n'est absolument besoin de rien d'autre que l'épanouissement du meilleur en nous-même pour parvenir à la plénitude de vie.

MYSTÈRE

« PARCE QUE LA VIEILLESSE n'est pas moins une chance / Que la jeunesse en soi, mais sous une autre apparence, observe Henry Wadsworth Longfellow. Et quand la lueur du soir à l'œil n'est plus visible / Le ciel se couvre d'étoiles, de jour invisibles. »

Longfellow parle brillamment du mystère des dernières années de vie, de la satisfaction qui leur est propre. Et pourtant l'un des obstacles à l'expérience d'une vie palpitante dans nos dernières années vient de ce que nous sommes follement sûr d'être en train de perdre quelque chose et follement inconscient de ce que nous gagnons.

Tant dans la vie est destiné soit aux jeunes années soit à l'âge mûr. Presque rien ne nous oriente vers les jours où le temps seul sera notre guide, notre compagnon, notre but. Rares, voire inexistantes, sont les promesses relatives à la griserie d'être moins occupé, moins tracassé, moins dévoré par tout. Les dernières années de vie nous sont données pour rentrer la récolte de toute cette peine.

Mais pour vivre pleinement le mystère de cette étape de la vie, il est important que nous nous permettions de faire sauter les murs de la précédente étape avec ses contraintes sociales, ses besoins personnels, ses rôles publics et ses conventions. Nous avons fort bien appris à mettre en pratique les règles de la vie. Nous ne sommes pas très sûr de savoir en mettre en pratique les libertés.

Ce qu'il y a d'affligeant dans la vie moderne, c'est que nous puissions si facilement et rapidement nous enliser dans nos petits univers personnels. Des années durant, nous empruntons les mêmes rues, respectons les mêmes horaires, mangeons les mêmes plats, échangeons avec les mêmes personnes, lisons les mêmes journaux, avons encore et encore les mêmes conversations.

Le problème est qu'il ne reste simplement pas de temps pour se promener dans des rues inconnues ou gaspiller de précieux instants à explorer de petites boutiques. Si nous ne sommes pas rentré à la maison avant sept heures chaque soir, pas moyen de faire la lessive. Dresser une liste des courses est plus expéditif que de fouiner dans les vieux marchés empoussiérés ou de fureter dans les commerces de spécialités gastronomiques où l'on vend sept sortes de yogourt nature et soixante-dix variétés de fromages. Il n'y a tout bonnement pas moyen de faire de nouvelles connaissances quand les réceptions organisées par le bureau et les rendez-vous d'affaires se tiennent encore et toujours au même restaurant. Il ne nous est pas possible de nous adresser à des inconnus pendant un long déplacement en transport public ; en outre, il reste bien peu de sujets de conversation quand politique, économie et religion sont tous rayés du catalogue des frivoles sujets bienséants.

Avec le temps, la routine s'insinue dans toutes les dimensions de la vie. Bien entendu, cela a quelque chose de rassurant. La routine est ce qui nous dicte ce qu'il faut faire, l'instant précis et la manière de le faire. Mais elle est largement abrutissante. Elle nous transforme en un robot quelconque, sans capacité de pensée suffisante pour se rendre compte qu'il ne réfléchit guère à quoi que ce soit.

De cela justement nous libère la vieillesse. La routine peut enfin faire place au mystère, aux possibles, au temps des verts pâturages de la vie.

Le problème est que nous pouvons mettre un long, très long moment avant de ressentir cela comme une libération. Nous y résistons farouchement. Nous nous construisons nous-même une prison où nous vivons jusqu'à devenir trop hébété pour tenter même de nous en échapper.

Seul le vieillissement nous libère, malgré nous, de nous-même. Le seul fait d'être plus vieux nous offre l'occasion de flâner comme jamais nous n'avons flâné de notre vie. Nous pourrions aller au chalet mercredi, par exemple. Alors, pourquoi pas ? Nous pourrions nous rendre à la bibliothèque et passer toute la journée à lire dans le cabinet de lecture. Alors, pourquoi pas ? Nous pourrions jouer aux cartes aujourd'hui avec une voisine souffrante. Alors, pourquoi pas ? Nous pourrions rester dans la voiture, au bord de l'eau, à lire un livre. Alors, pourquoi pas ? En fait, pourquoi ne pas nous immerger dans le mystère de la vie jusqu'à nous y sentir suffisamment à l'aise avec celui-ci pour lui faire confiance, même à la fin ?

Horaires et échéanciers ont bien sûr leur place dans la vie. Ils nous gardent responsable devant la société. Le problème commence quand ils régissent notre vie, quand ils font obstacle à notre vie, quand ils deviennent notre vie.

Le mystère, c'est ce qui nous arrive quand nous laissons la vie suivre son cours plutôt que de se sentir obligé de la provoquer tout le temps. C'est le coup inattendu à la porte, le spectacle impromptu d'une fleur inopinément éclose, un après-midi dans le jardin, une journée passée à bord d'un autobus du centre-ville. Juste pour voir. Juste pour observer. Juste pour être là.

Le simple fait de présumer que ce qui nous arrive chaque jour nous est envoyé pour éveiller notre âme à quelque chose de neuf – une autre odeur, une saveur différente, une seconde où nous nous permettons de fixer un inconnu dans les yeux, d'esquisser un sourire, de saluer d'un signe de tête – exerce en soi une action sanctificatrice. Et qui sait ? Peut-être l'une de ces choses nous ouvrira-t-elle au souvenir rafraîchissant d'une peine, au rappel émouvant d'une griserie, à un instant de pantelante stupéfaction, à une intuition de la présence de Dieu dans la vie.

Le soleil restaure sous de nouvelles tonalités la portée d'un instant lointain. La stupéfaction nous ébranle dans l'éveil conscient à des réalités longtemps visibles, mais longtemps également invisibles. Ces réalités sont l'essence du mystère.

Le mystère a sa place dans un monde froidement ordonné. Nous menons maintenant une vie des plus minutieusement réglée. Avant que les gens ne possèdent des montres, lever du jour et tombée de la nuit suffisaient à encadrer l'existence. « Je passerai demain » voulait dire : je te verrai demain lorsque j'arriverai. Maintenant, « Je passerai demain » n'a de sens que si est précisée l'heure, à la minute près. Plus aucun mystère là. Simple attente.

Le mystère, la notion qu'un événement merveilleux peut survenir n'importe quand, à condition que nous lui fassions un peu de place, nous ouvre donc à une toute nouvelle intelligence de l'immanence de Dieu dans le temps. Dieu vient, apprenons-nous maintenant, lorsque nous l'attendons le moins. Peut-être même le plus vraisemblablement lorsque nous l'attendons le moins.

Pour l'essentiel, nous avons appris à nier à l'inattendu et au mystère le droit de s'immiscer dans notre vie minutieusement programmée. Cela serait trop risqué pour un monde qui vit en équilibre précaire sur des emplois du temps très chargés et soumis à des échéanciers comminatoires.

Oh mais, dans la vieillesse, le mystère prend vie. Plus rien n'est très sûr désormais. Tout n'est que peut-être et sans doute, éventuellement et possiblement. Il se pourrait que je sois encore là. Et il se pourrait que non. Comme les enfants, nous réapprenons à nous émerveiller. Nous réapprenons que se lever chaque matin peut être amusant, peut être absolument merveilleux. Un événement surviendra certainement. Qu'est-ce que ce sera ?

Puis, à mesure que passent les années, nous apprenons à faire confiance à la bonté du temps, à la glorieuse corne d'abondance de vie appelée Dieu. Et qui sait ? À la fin de la vie, le mystère qui nous attend, enfin visible sous la lumière aveuglante du temps, pourrait excéder les capacités de l'âme.

~

L'un des fardeaux de ces années est de craindre le mystère qui s'approche de nous, comme si la Divin-ité que nous avons connue dans la vie devait nous abandonner dans la mort.

L'un des bienfaits de ces années est de découvrir que derrière toute chose si impénétrable, si stable, si familière, se tisse un déchant de mystère et de sens offert à l'expérience de manières que nous n'aurions jamais crues possibles. Se libérer du prosaïsme, du programmable, du pragmatisme, c'est ouvrir le monde comme nous n'aurions jamais rêvé le faire. Dans ce monde nouveau, une montagne, un banc, un sentier verdoyant est bien plus que simplement cela, il est un symbole de possibilités sans précédent, de la sainteté du temps.

RELATIONS

« LA VIEILLESSE EST UNE ÎLE entourée de mort », écrit l'essayiste équatorien Juan Montalvo.

La vie n'est pas fondamentalement affaire de choses, mais de relations. En fin de compte, ce sont les mains que nous ne cessons de tenir dans notre cœur qui définissent le genre de vie que nous avons menée. Nos relations déterminent la qualité de la vie telle que nous l'avons connue. Elles nous montrent le visage de Dieu sur terre. Elles soumettent aussi notre cœur aux émotions de la vie.

Quand les relations que nous tissons en cours de route commencent à disparaître, notre vie change. Nous savons alors ce que cela signifie d'être abandonné, d'être un petit peu moins imperméable à l'émotion que nous pensions l'être. Ce n'est pas de choses dont nous avons maintenant besoin, mais de compréhension dont nous avons soif. Et la compréhension nous déprend de nous-même, fait de nous le vase d'argile d'une vie nouvelle.

Nous regardons partir ceux que nous aimions et nous nous retrouvons bientôt à une autre croisée des chemins. Que faire maintenant ? Continuer seul ? Nous arrêter et nous replier sur nous-même ? Prendre le risque d'une nouvelle amitié ? Une telle question transforme la vie. Une telle réponse transforme l'âme. Et comme nous craignons que la leçon puisse nous en échapper, nous en sommes tourmenté sans répit.

Ce dimanche-là, la circulation était fluide et le débarcadère silencieux. Rien ne semblait entraver le flot de voitures autour du débarcadère – mais rien ne bougeait non plus. Au beau milieu du débarcadère reposait, inanimé, un canard dont les plumes soyeuses s'étalaient mollement sur le sol. Mais là n'était pas l'important. L'important avait trait à la perte. Autour du canard, à distance respectueuse, se tenaient de très nombreux autres canards taciturnes, tête baissée, cous docilement recourbés au-dessus de l'eau. Certains d'entre eux se balançaient silencieusement sur les eaux agitées de la baie. D'autres, posés sur le débarcadère, entouraient la dépouille et braillaient au-dessus d'elle comme des pleureuses de tragédie grecque. Au milieu d'eux se détachait un colvert esseulé, inconsolable, hurlant au secours, qui décrivait frénétiquement des cercles autour de la créature inerte, battait des ailes, tête rejetée en arrière, criait et piaillait de douleur. « Les canards sont monogames, se dit comme à lui-même un homme en s'éloignant. Ils forment un couple pour la vie. »

Pour quiconque a déjà observé un ami dans la même situation, le sens de cette scène saute aux yeux : lorsque s'en va notre partenaire, nous nous en allons aussi d'une certaine manière.

Quand cela survient, deux tentations mitent le tissu de la vieillesse. La première est la tentation de vivre dans un monde disparu de longue date et de nous condamner à n'exister presque exclusivement que parmi des photographies pâlissantes. La seconde est de chercher à nous mettre à l'abri de la vie en écartant le risque de nouvelles blessures, en permettant à la mort affective de se saisir de nous avant que ne frappe la mort physique.

En fait, les gens se sont longtemps permis des rires dédaigneux et méprisants à l'endroit des personnes âgées qui tombaient amoureuses. Le mariage était hors de question. La sexualité n'allait pas de soi, moins encore quelque expression sexuelle. Ce monde construit sur la sexualité juvénile, sur la dimension procréatrice du mariage, voyait quelque chose d'obscène à toute idée d'intenses rapports amoureux et sexuels entre personnes plus âgées. On avait si longtemps défini la procréation comme l'objectif premier du mariage qu'on en avait oblitéré le rôle des rapports adultes, spécialement dans les dernières années de vie.

La procréation – et non la vie de couple, ni l'amitié ni l'amour – avait été le principal objet du mariage, des siècles durant. On achetait et vendait les femmes, on les « donnait » en mariage à quelque relation qui semblait politiquement, économiquement profitable pour la famille, quel qu'en soit le retentissement sur le couple lui-même. Le but était d'avoir des héritiers : des princes, de la main-d'œuvre, des bâtons de vieillesse. Le besoin d'intimité, de soutien, de souci mutuel était par conséquent fonction de l'âge. L'amour était physique et il prenait donc fin avec le déclin des fonctions physiologiques. Après quoi, on était apparemment censé vivre dans l'indifférence et le désert affectif.

Résultat : contrairement à leurs semblables, à quelque autre phase de la vie, les personnes âgées sont tenues de relever le défi de deux types fort différents de relations.

Il leur faut d'abord s'occuper de la réalité lancinante de relations dont la mort ou la distance les a privées. Le mourant emporte avec soi dans la tombe une partie de nous, tous tant que nous sommes et quel que soit notre âge – par exemple, les conversations qui ne pourront jamais être terminées, les rêves qui ne pourront jamais être réalisés. Mais la mort d'un époux, d'un proche, d'un ami, enlève encore davantage à la personne âgée : les souvenirs, le sens de son identité, le sentiment de faire communauté. Pour dire la vérité, le mort emporte aussi trop souvent avec soi l'énergie du survivant.

Une fois terminées les funérailles d'un ami très cher, nous savons avec une nouvelle sorte de déchirement qu'une autre route s'est fermée pour nous. Il y a maintenant un ami de moins avec qui marcher et leur liste raccourcit chaque jour. Quand meurt un conjoint, le vide irrémédiable est pire encore. Qui nous aime maintenant ? Qui nous veut réellement ici ? Pas le moindre doute, la vie du partenaire laissé derrière en est indélébilement transformée – et semble avoir pris fin.

D'autre part, les personnes plus âgées peinent à fournir l'effort requis pour se faire de nouveaux amis, de nouveaux compagnons dans leur petit monde toujours plus retranché du monde changeant très vite autour d'elles. Les « villages de retraités » – riches en agréments, mais pauvres en mixité des populations – poussent partout comme des champignons. Les chaînes hôtelières se spécialisent maintenant dans le développement et la gestion de communautés de retraités où une génération plus âgée habitera de petits logements indépendants au moins jusqu'après l'âge de 85 ans[16].

À la vérité, la plupart des aînés sont en santé, alertes et totalement autonomes. Mais se faire maintenant de nouveaux amis requiert efforts et énergie. Vaut-il la peine d'y consacrer du temps ? L'amitié, sans parler de l'amour, demande beaucoup d'attentions, beaucoup d'échanges, beaucoup plus de temps à connaître l'autre qu'il ne nous en reste. Alors pourquoi se donner ce mal ?

La tentation de baisser les bras est grande. Et cependant notre besoin de compréhension, de réconfort, d'une présence – qui se manifeste dans une voix à l'autre bout du fil – est plus intense que jamais.

Comment remplir de nouveau cette coquille de vie ? Et, si elle n'est pas remplie, y a-t-il toujours une vraie vie possible ?

Le fait est que les relations sont l'alchimie de la vie. Elles transforment en or les scories du quotidien. Elles font de la communauté humaine une réalité. Elles nous procurent ce dont nous avons besoin et appellent en retour la pareille. Elles sont le signe de la présence d'un Dieu aimant dans la vie. Une vie sans relation, à quelque étape du développement humain, est une impossibilité. Par conséquent, une seule incertitude hante cette étape tardive : déciderons-nous de vivre replié sur nous-même, seul avec nos relations d'antan, ou aurons-nous confiance que la vie, rendue mémorable par les autres dans le passé, puisse être encore rendue mémorable – par de nouvelles rencontres, de nouvelles occasions, un nouvel esprit ?

Pour que cela arrive, nous devons d'abord nous-même tendre la main. Nous devons d'abord nous rendre nous-même de nouveau intéressant. Nous devons réapprendre à inviter des gens dans notre vie – pour regarder un match ou jouer aux cartes, prendre un repas ou lire ensemble. Puis nous devons faire l'effort de fréquenter des lieux où se réunissent des gens de notre âge, des événements où se côtoient les générations, où le plaisir naît de la rencontre d'inconnus et d'échanges sur différents sujets.

L'un des fardeaux de ces années est qu'être seul, si pénible cela semble-t-il, est plus facile que de faire le nécessaire pour être avec quelqu'un. Il serait tellement plus facile maintenant de fermer simplement les volets de notre âme et de démissionner. Tellement plus facile d'attendre simplement que la mort réclame ce qui déjà s'est éteint en nous : l'amour de la vie et la foi en son intrinsèque bonté. Alors nous nous détachons de notre vie même et la regardons se faner.

L'un des bienfaits de ces années est qu'elles nous offrent une autre fois la chance d'être porté par de nouveaux héros, un nouvel entrain, de nouvelles activités, de nouvelles connaissances. Faut-il pour cela que nous tombions amoureux ? Non. Mais il faut que nous aimions suffisamment quelqu'un d'autre pour nous y intéresser autant qu'à nous-même. Il faut que nous voulions faire de demain un jour heureux.

RÉCIT DE VIE

« POUR L'IGNORANT, disent les hassidim, la vieillesse est l'hiver ; pour le savant, c'est la saison de la moisson. »

Nous nous tournons vers les aînés parmi nous pour la distribution de cette moisson au reste de la communauté humaine. La vieillesse est un grenier d'histoire : histoire personnelle, histoire familiale, histoire nationale, histoire mondiale. Mais quel sort réservons-nous à tout ce que sait la vieille génération dans notre culture qui ne cherche pas de réponses auprès de cette génération-là ? Dans toute communauté, chaque aîné est une histoire vivante pour les gens auxquels il laissera un jour la terre à gouverner aussi bien, même mieux qu'il l'a fait en son temps.

Les membres les plus âgés de toute société en sont la racine pivotante, une racine qui s'enfonce plus profondément dans le passé que n'importe quelle autre. Les aînés savent d'où est venue chaque idée. Et pourquoi. Ils savent ce que signifie – ce que signifie vraiment – être une famille, être un citoyen, être libre, être asservi. Ils savent la différence entre évolution et révolution, ils savent surtout qu'il y a place pour l'une et pour l'autre dans le développement du monde où nous vivons.

Plus encore que leur savoir importe leur capacité, leur vocation à transmettre aux nouvelles générations ces faits historiques sans la transmission desquels la jeunesse est une masse sans particularité, sans traditions, sans mémoire vivante de la manière et de la raison pour lesquelles elle s'est constituée à l'origine.

Les chroniques familiales ont toujours été les paraboles, transmises d'une génération à la suivante, pour nous dire qui nous sommes et d'où nous venons. Les rites funéraires, les cérémonies d'inhumation des ancêtres, sont devenus une forme d'art qui a sauvegardé de manières bien spéciales les valeurs et idéaux du passé. Destinées à rappeler au clan ses liens, dans la vie et dans la mort, les funérailles étaient un événement tribal. En relatant la vie de ceux qui avaient trépassé, la famille faisait le pont entre passé et futur.

Même à notre époque, dans un passé guère lointain, on exposait le défunt à la maison familiale. Pendant qu'on priait pour l'âme du mort au salon, ailleurs dans la maison c'était le temps pour les vivants de raconter des souvenirs.

Les familles profitaient de ces instants pour se dire ce qu'elles étaient et qui elles avaient rêvé d'être. Les enfants apprenaient en ces heures l'histoire de l'enfance de leurs parents. Les jeunes en venaient surtout à prendre conscience de ce qui pourrait se perdre à jamais dans un dernier souffle si la génération suivante n'acceptait pas la responsabilité de le préserver.

Critique ou flatteuse, circulait librement la légende domestique sur la guerre et le travail, le mariage et la maladie, les tares et les gloires de la famille, sa détermination dans les mauvais jours et les périls de la faiblesse. On en gardait d'impérissables leçons : Dieu était bon et

Dieu était un juge ; la guerre était ou bien abominable ou bien glorieuse ; quitter la famille était soit hasardeux soit nécessaire ; on ne devait pas compter sur l'argent pour s'assurer une vie bonne ; chacun était ultimement seul capable de se préserver de soi-même.

Les récits de vie des personnes plus âgées devenaient le catéchisme de la famille. Ces leçons de vie étaient censées nous rendre tous plus forts, plus sages et plus droits.

Ces anecdotes racontées devant un feu dans la cuisine pendant une veillée funèbre ou lors de fêtes de famille, d'offices commémoratifs ou pendant les vacances, sont la fibre même d'une famille, d'un clan, d'un peuple. Elles sont l'histoire vivante qui nous unit.

Seuls les vieux savent toutefois raconter avec éloquence et conviction. Seuls les vieux portent dans leur corps même la vérité de chaque récit. Eux seuls fondent notre droit à vivre aussi de nos jours ce récit pour nos enfants, pour l'histoire, la nation, le pays.

Être un raconteur est de l'essence même de vieillir. Les raconteurs témoignent de l'authenticité du passé. Ils déterminent quelle sera la vérité pour nous tous. Leurs récits nous inspireront tous dans les jours à venir. Quand des grands-pères dépeignent les grandeurs de la guerre et négligent de parler de son côté macabre, de ses orgies d'atrocités, ils sèment les graines du prochain mensonge orgueilleux dans l'esprit des jeunes. Quand des grands-mères parlent des douleurs de l'enfantement, mais pas de ses transports, elles rendent plus difficile de se réjouir à l'idée d'enfanter. Quand l'un ou l'autre d'entre nous néglige d'écouter les récits qu'on lui transmet, nous perdons une occasion d'entendre des leçons de vie qu'il nous faudra apprendre à rude école.

L'un des fardeaux du récit de vie est de penser que nous resterons jeune à jamais si nous nous soustrayons à notre responsabilité d'être partie de l'histoire vivante. En taisant à ceux qui nous suivent le récit de ce qu'il a fallu traverser pour en arriver là, nous nous dérobons à la moisson de notre vie et aux jours de labour de la leur.

L'un des bienfaits associés au récit de vie est la conscience que nous avons maintenant rempli nos obligations envers la vie. Nous avons distillé nos expériences au point qu'elles peuvent devenir utiles à plus jeune que nous.

« LÂCHER PRISE »

« LORSQUE BAISSE LA VUE, dit Platon, la vision spirituelle s'aiguise. »

À partir de cet instant, la vision spirituelle – la capacité de percer le sens profond des choses, la valeur spirituelle des choses, le cœur intime des choses – doit nous guider. L'essence spirituelle de la personne émerge du dépouillement naturellement associé à la vieillesse. La vie, semble-t-il, obéit à un cycle implacable : les premières années, nous accumulons ; dans nos dernières années, nous nous dépouillons. Chacune de ces deux démarches a sa place dans la vie. Chacune est un combat. Chacune est libératrice.

Les premières années, la vie est une suite de jalons : les premiers mots, les premiers pas, le premier livre, le premier vélo, le premier diplôme. Puis point l'avidité. Il nous faut avoir de l'instruction, avoir un emploi, avoir une vie. Dans cette période de la vie, grandir veut dire avoir.

Chaque étape le long du parcours se distingue à son tour par les réalités qui en sont la marque. Il s'agit d'abord d'avoir les bonnes références : diplôme universitaire, brevet de technicien, certificat professionnel, promotions. Pendant tout ce temps, parents et amis, proches et mentors s'inquiètent pour nous. Ils s'inquiètent si nous commençons tardivement notre ascension, si notre ascension est trop rapide ou trop lente, trop résolue ou pas assez. L'attention se concentre sur l'ascension, quel qu'en soit le rythme.

Nous savons si nous nous y prenons correctement parce qu'il existe des balises le long du parcours pour en mesurer le succès : emploi, compte en banque, voiture personnelle, voyages qui marquent nos rites de passage. Nous sillonnons l'Europe sac au dos ou partons en camping dans le Grand Canyon ; nous achetons une moto et traversons les Rocheuses, ou nous allons dans la grand-ville avec les copains pour célébrer notre majorité. Puis, comme on dit, nous nous installons.

Oh, mais l'aventure est loin d'être terminée. Au contraire. S'installer, découvrons-nous, ce n'est pas du tout s'installer. S'installer impose des critères, des combats, des trophées à collectionner. C'est un long exercice de thésaurisation. Viennent maintenant la carrière et l'appartement, les titres et les hypothèques, les enfants et leurs remises de diplôme, la vie mondaine et les mariages. Et, pour finir, la célébration de la mise à la retraite.

Puis nous voilà arrivé à la grande croisée des chemins. Fini le temps d'entasser. Nous ne savons qu'une chose maintenant : ce que nous aurons réussi à accumuler à la fin de cette ascension, quoi que ce soit, sera à peu près tout ce que nous n'aurons jamais. Avons-nous réussi ou pas ?

La note que nous obtenons maintenant en « Vécu » ne nous est pas attribuée par quelqu'un d'autre, comme ce fut le cas pour les premiers accomplissements. La question est maintenant de savoir comment et d'après quels critères nous jugerons si notre vie a été une réussite.

Et nous découvrons assez étrangement alors que l'une des principales tâches de la vie est de déterminer ce qu'il convient de faire avec tout ce que nous sommes parvenu à recueillir jusqu'ici. En faisons-nous cadeau à la famille et aux amis ? Le vendons-nous à des antiquaires ? L'expédions-nous à des comptoirs d'entraide ? Rédigeons-nous un journal des souvenirs que chaque article réveille en nous ?

Subitement, aucune de ces lointains jalons ne compte vraiment beaucoup. Mais qu'est-ce qui compte ?

Quand nous arrivons à ce moment-là, il est clair qu'a finalement commencé pour nous la partie suivante de la vie.

L'une des expériences essentielles, que toute grande tradition spirituelle juge cruciale, consiste en une période de dépouillement absolu, de renonciation totale à ce qui a façonné une personne *avant* qu'elle n'entame sa grande quête spirituelle. Dans cette période, le chercheur s'interroge sur le sens de la vie et de la mort, du spirituel et du matériel, de la terre et de l'au-delà, de l'esprit dans son rapport avec l'esprit supérieur qui l'habite.

C'est la période où nous évaluons ce que nous avons pu apprendre de la vie et nous mettons en quête d'une dimension au-dessus des choses de ce monde, pour les jours encore à venir. Cette quête nous engage à nous départir de tout ce que nous avons accumulé jusqu'à cet instant pour nous consacrer entièrement à l'accouchement de notre être intérieur. Nous voyageons avec peu de bagages dans cette partie de la vie.

Quand je jette un regard circulaire sur la pièce encombrée et me demande pourquoi je garde cet énorme secrétaire alors qu'un plus petit ferait aussi bien l'affaire, quelque chose en moi commence à changer. Quand trois services de vaisselle me semblent deux services en trop, j'ai commencé à avoir besoin de plus que de simples objets matériels. Quand la maison est trop encombrée, la voiture trop grosse, l'entretien irréprochable de la pelouse un trop grand embarras, je me suis engagé dans une toute nouvelle aventure dans la vie.

C'est le façonnement de l'âme qui nous occupe maintenant. Consciemment ou – plus vraisemblablement – inconsciemment, nous nous employons maintenant à trouver pour nous-même qui nous sommes vraiment, ce que nous savons, ce qui est important pour nous, et comment être simplement assez à nos yeux dans le monde.

Petit à petit nous nous défaisons d'une pelure, puis d'une autre. Nous ne courons plus avec les gens affairés, nous découvrons plutôt les voisins.

Puis nous quittons la maison d'antan et le voisinage d'antan pour un nid plus petit, plus facile à entretenir, plus facile à abandonner.

Nous découvrons ce qu'entendent les Kenyans quand ils disent : « Qui a du bétail a du souci. » Peu à peu nous collons moins à notre personnage extérieur et davantage à notre être intérieur.

Nous arrivons en ce monde seul et nu, si l'on en croit le dicton, et le quittons pareillement seul et nu. Pas tout à fait, cependant, puisque nous savons maintenant que ce que nous avions amassé pour nous prouver à nous-même notre valeur, notre importance, notre succès, n'y a pas réussi. En fait, nos possessions y ont très peu à voir. Ce qui compte, c'est ce qui est en nous, non ce qui est hors de nous. Ce que nous avons appris dans le processus, ce que nous sommes devenu intérieurement dans le processus, voilà qui nous sommes vraiment.

Ceux qui sont incapables de lâcher prise font dès lors face à un problème. Jamais dans leur vie ils n'ont su relâcher leur prise. Quelque part en cours de route ils auront adhéré à la notion hérétique que nous sommes ce que nous avons. Aussi quitter la maison les précipite dans le vide et l'angoisse. Faire cadeau de possessions, qui ont marqué chacune des étapes de leur vie, leur instille le sentiment d'être dépossédés d'eux-mêmes. Ils n'ont pas tourné leur regard en eux-mêmes depuis si longtemps qu'ils ne peuvent maintenant apprécier d'avoir enfin le temps – et la liberté – de nourrir leur âme de poésie et de beauté, d'amitiés et d'aventure, d'enfants avec qui jouer plutôt qu'à élever, de pairs avec qui causer de questions graves plutôt que de banalités.

Le temps ne manque plus. Nous avons la chance de devenir tout ce que la vie nous a rendu capable d'être. Nous pouvons maintenant y donner un sens. À condition de savoir lâcher le passé. À condition de savoir lâcher toutes les vieilles ambitions de succès, tous les anciens modèles d'humanité, pour nous permettre enfin maintenant de devenir plutôt simplement humain.

L'un des fardeaux de ces années est la tentation de nous accrocher à des temps et des possessions derrière nous, plutôt que de nous tourner vers les instants libérateurs devant nous.

L'un des bienfaits de ces années est l'invitation à entrer le pied léger dans l'ici et maintenant – parce que nous gaspillons une bien trop grande partie de la vie à préparer l'avenir plutôt qu'à jouir du présent.

APPRENTISSAGE

« J'AI GRANDEMENT APPRÉCIÉ, écrit Agatha Christie, la seconde jeunesse qui vient quand on met fin à la vie des émotions et des relations intimes et qu'on découvre soudainement – à l'âge, disons, de 50 ans – qu'une toute nouvelle vie s'ouvre à soi, remplie de questions qu'on peut méditer, étudier ou approfondir par des lectures... C'est comme si montait en soi une nouvelle sève d'idées et de pensées. »

Agatha Christie, qui écrivait encore des succès de librairie à plus de 80 ans, réduit à néant l'idée même d'un grand âge sclérosé. Elle est à vrai dire une icône de la corrélation entre savoir et expérience, de la notion qu'apprendre n'est pas seulement la tâche d'une vie entière, mais une invitation en permanence à la régénération de l'âme.

Le danger dans nos premières années est la pensée que, puisque nous avons complété notre cours d'études secondaires et obtenu un diplôme d'études collégiales, nous sommes fin prêt pour la vie. Le problème avec les diplômes, c'est qu'ils sont rapidement périmés ou qu'ils ne nous préparent au mieux qu'à une petite portion de la vie. Nous sommes encore jeune que nos diplômes jaunissent déjà sur le mur et que le savoir dont ils témoignent est obsolète.

Le danger dans les dernières années est le mythe que les personnes plus âgées ne peuvent plus apprendre désormais comme dans leurs plus jeunes années. La crainte d'un effondrement des facultés mentales angoisse la vieillesse. La préoccupation que mentionnent le plus communément les gens à l'approche de l'âge de la retraite est : « Je pense que je perds la boule… » Ils disent cela en riant – au moins au début – mais ça devient bientôt un mantra, sinon une frayeur muette qui tenaille. « Je n'arrive pas une fois de plus à retrouver mes clés », disent-ils. « Comment ai-je pu oublier son nom ? Nous avons travaillé ensemble des années », s'inquiètent-ils. « Dans le temps, je connaissais toutes ces dates par cœur. Et les voilà envolées, carrément envolées », se lamentent-ils. Les réactions vont de la panique au désespoir. Est-ce que ça y serait pour de bon ? Est-ce cela qu'on entend par démence ? La mauvaise nouvelle est : peut-être. La bonne nouvelle : probablement pas. Très invraisemblablement. Généralement pas.

L'une des conséquences les plus positives de l'incidence de la maladie d'Alzheimer dans une population vieillissante nombreuse est la quantité de recherches menées présentement sur le cerveau humain. Jusqu'à une époque récente, il était simplement acquis que le cerveau vieillissait comme le corps et que, tout comme le corps, le cerveau dépérissait. Suivant l'opinion médicale courante jusqu'alors, le cerveau commençait à rapetisser dès l'âge de 20 ans et il était d'au moins 10 % plus petit à 70 ans. À compter de 80 ans, on ne pouvait que s'attendre au disfonctionnement total[17]. L'image du cerveau qui s'atrophie et rapetisse ne nous quittait pas. Vieillesse signifiait détérioration mentale aussi sûrement que la nuit succède au jour. Cette conjecture est-elle avérée ? Non.

Les recherches neurologiques attestent maintenant que, si les cerveaux des personnes âgées sont de fait plus petits physiologiquement, ils ne sont pas moins intellectuellement compétents que ceux de leurs cadets. En matière de réflexion et de créativité, ils leur seraient même supérieurs de certaines façons – ne serait-ce que par le fait de la vaste expérience combinée à l'acuité d'esprit.

Nous savons maintenant que l'anomie psychologique, l'incapacité à se rappeler les noms, est commune à tous les individus de plus de 30 ans. Cela vaut aussi bien pour les noms que pour les blagues, pour les repères spatio-temporels que les numéros de téléphone. Il semble que le cerveau, en vieillissant, entreprenne de faire le tri de l'information et de se débarrasser de ce qui est « émotionnellement neutre ». Ce qui n'a pas de portée personnelle devient de moins en moins important pour nous au fil des ans, de moins en moins accessible aussi, alors que les questions chargées d'émotion s'imposent par ailleurs avec plus de netteté. D'autres facultés mentales commencent aussi à s'affiner. Nous acquérons une plus grande capacité de réflexion et d'analyse. Nous sommes davantage capable d'assimiler et d'évaluer des données. Nous commençons à prêter attention à d'autres dimensions du monde, des gens, des événements et des idées derrière les statistiques pour les intégrer enfin dans nos réponses. Au savoir nous combinons l'expérience et nous ajoutons ensuite sagesse à nos conclusions[18].

Cela, seulement si nous continuons à grandir, à apprendre, à cultiver notre acuité d'esprit.

Comme l'exprimait Agatha Christie, nous trouvons une « seconde jeunesse » en prenant de la maturité. De nouvelles capacités se manifestent. De nouvelles idées jaillissent. Une nouvelle vision est possible.

Le danger, c'est de ne pas nourrir cette maturité. L'esprit désœuvré, l'esprit qu'on laisse s'atrophier est en péril. En l'absence de sujet à méditer, de défi à relever, de problème à résoudre, des questions menacent : Que reste-t-il de moi ? Pourquoi me donner cette peine ? Pourquoi ne pas démissionner ?

La forme de dépression qui découle de la vacance du moi est bien affligeante. Elle est le fruit d'une reddition au superflu. Il est superflu de se considérer inutile – à moins de choisir d'être inutile. Il est superflu de s'estimer ratatiné – à moins de se permettre de ratatiner de cœur et d'esprit.

Il y a effectivement deux façons d'aborder le vieillissement : le vieillissement passif et le vieillissement actif. Le vieillissement passif ouvre la porte à la paralysie graduelle de l'âme devant les changements naturels du corps. Qui opte pour ce modèle de vieillissement se représente la dernière étape de la vie comme un temps en proie à une mort lente plutôt qu'un temps à vivre différemment et intrépidement.

Le vieillissement actif coopère aux effets physiologiques du grand âge en s'acclimatant à un changement de rythme. La personne qui vieillit activement contrebalance une perte d'audition en lisant davantage, contrebalance des changements dans sa vision en écoutant des enregistrements, reste physiquement active – si limitée soit son activité – plutôt que de cesser simplement de solliciter les muscles de son corps et de les laisser par conséquent devenir inutiles.

Le vieillissement actif nous impose de vivre pleinement, si différemment que cela soit.

L'un des signes les plus patents d'un sain vieillissement, si l'on en croit la Harvard University Longitudinal Study of Adult Development[19], gagne en importance à mesure que s'allonge l'espérance de vie. L'apprentissage permanent, y apprend-on, trace la ligne entre un vieillissement sain et un vieillissement morbide. Il détermine jusqu'à quel point la vie sera pour nous satisfaisante et jusqu'à quel point nous serons intéressant, estimable et inspirant pour les autres.

L'apprentissage constant préserve la personne vieillissante de se fossiliser plutôt que de se transformer. Le problème avec le vieillissement n'est pas l'âge, c'est la pétrification, la rigidité d'esprit, l'inflexibilité. Seules les idées nourrissent les idées. Quand nous nous soustrayons à ce qui est nouveau, simplement parce que nous décidons de ne pas nous en préoccuper, nous nous soustrayons à notre responsabilité – envers nous-même et envers les autres – de continuer à grandir.

À coup sûr, cette disposition à l'apprentissage constant et le sentiment de nouveauté qu'elle insuffle à la vie n'est pas un vain don. Le fait même qu'elle s'accroît à mesure que nous grandissons signifie sûrement qu'elle a un rôle important à jouer. Et quand ce rôle pourrait-il être plus important que lorsque la vie dans toutes ses dimensions physiques devient moins accessible, moins réalisable, moins ambitieuse ? Pourquoi cette disposition à l'apprentissage ne serait-elle pas précisément ce qu'il faut à une génération responsable d'éclairer de la sagesse des ans les débats de l'heure ?

La question n'est pas alors de savoir si la génération plus âgée est capable d'apprendre encore. La question criante est plutôt seulement de savoir *ce que* nous devrions apprendre maintenant. Devrions-nous devenir même meilleur dans notre sphère d'activité de toujours – un expert dans la discipline, un conseiller dans le domaine, une autorité en la matière ? Ou devrions-nous plonger en eaux totalement inconnues : apprendre une langue étrangère pour pouvoir apporter de l'aide à de jeunes familles immigrantes dans notre ville ; apprendre les techniques d'ébénisterie et démarrer une petite entreprise de restauration de mobilier dans le garage ; apprendre à utiliser un ordinateur et proposer d'y initier ceux qui en ont aujourd'hui besoin pour décrocher l'emploi susceptible d'assurer vraiment leur subsistance ? Ou devrions-nous plutôt maintenant mémoriser les mots d'un psaume puis d'un autre, d'un kōan puis d'un autre, d'un verset du Coran puis d'un autre, pour que ces idées résonnent dans notre esprit et parviennent jusqu'au seul Dieu unique ?

~

L'un des fardeaux de ces années est la crainte qu'elles ne vaillent qu'incompétence à notre moi jadis compétent.

L'un des bienfaits de ces années est que nous nous retrouvons à un moment de la vie où nous pouvons enfin nous concentrer sur toutes les choses que nous avons toujours voulu apprendre et connaître et, du coup, devenir une personne encore plus importante, plus centrée, plus spirituelle que nous ne l'avons vraiment jamais été.

~

RELIGION

« MÊME SUR LEUR DÉCLIN, dit le maître tibétain Sakya Pandita, les vertueux affinent la beauté de leur conduite. La flamme d'une allumette embrasée, même tournée vers le sol, se redresse. »

Chez les aînés de chaque société, cette flamme brûle avec le plus d'éclat. Il est de la nature de la vieillesse de poser les questions, de donner sens aux réponses que nous avons si longtemps ignorées, pour que les autres puissent voir l'aboutissement de l'universelle aventure de la vie.

La religion n'est ni une doctrine, ni un enseignement, ni un simple corpus de croyances. C'est un processus de transformation. L'erreur fondamentale, quand il est question de religion, est la prétention que par le seul fait d'en saisir une dimension – doctrine, enseignement, corpus de croyances –, nous la saisissions toute et que, si nous ne partageons pas cette dimension avec nos semblables sans exception, c'est que la vraie religion leur échappe. Pareils jugements peuvent être funestes, aussi bien pour nous-même que pour les effets de semblables idées sur les autres.

Le fait est que la religion ne se réduit pas à une chose. C'est un phénomène multidimensionnel qui, réussi, peut mener les gens au sommet de la montagne spirituelle dont ils font l'ascension, quelle qu'elle soit. Elle exige dévouement, formation, exercice et réflexion. Elle ne se réduit à aucun de ces aspects. La véritable religion réunit tous ces aspects. Mais cela impose un long processus, beaucoup d'étude, bien de la réflexion. En fin de compte, comme toutes les religions le savent, c'est dans nos dernières années que se concrétise le véritable objet de la religion : la relation entre un être humain et le Créateur ; l'évaluation de nos objectifs de vie et de nos agissements ; et la consécutive soumission au sens spirituel de la vie plutôt qu'aux simples réalités matérielles de l'existence.

La religion remplit des fonctions diverses aux diverses étapes de la vie. Des premières années jusqu'aux dernières, elle est un poteau indicateur. Elle est un instrument d'orientation, une carte routière. Mais elle n'est une garantie de rien. La religion a corrompu autant qu'elle a sauvé. À l'évidence, la religion en soi ne saurait être notre but.

Dans les premiers temps de la vie, la jeunesse, la religion a pour fonction de former la conscience. La religion définit les paramètres qui balisent la voie. Suivant le code d'éthique universelle adopté en 1999 par le Parlement des religions du monde à Cape Town, en Afrique du Sud, chaque religion reconnaît quatre préceptes non négociables : ne pas voler, ne pas mentir, ne pas tuer, ne pas exploiter sexuellement son semblable. Tels sont les principes directeurs d'une vie bonne. Il existe, apprend-on, une loi au-dessus des lois. Et cette loi est la fin vers laquelle nous tendons.

À l'âge mûr, la religion devient un guide en société. Elle est une mesure de notre rapport aux autres. Elle établit les critères qui évaluent la qualité de l'âme et les agissements d'une personne. Elle devient une attitude devant la vie. Certaines choses sont saintes, d'autres ne le sont pas. Les premières sont les idéaux auxquels nous nous raccrochons alors même que nous nous écartons un peu des lieux d'ancrage de nos jeunes années. Tous les absolus sont peu à peu mis en question. La religion, commençons-nous à comprendre, est davantage un combat des plus intimes pour croire et pour agir qu'une simple façon de se conduire, stérile sur papier, source d'irritation constante.

Finalement, à mesure que nous vieillissons et entamons la dernière étape de la vie, il devient clair que les conduites et les manquements ne sont plus guère désormais le fond de la religion. Maintenant, l'extase de la vie et la soumission au Mystère sont les dernières révélations de la religion. Maintenant, tout ce que nous avons de longue date appris, balancé de longue date jusqu'à un certain point, mais de longue date jamais totalement oublié, commence à prendre sens. Commence à devenir moi. Amorce ma nouvelle naissance en tant que personne.

Les membres les plus âgés de la société ne nous enseignent pas seulement à vivre, ils nous enseignent aussi à mourir, à donner sens à l'unicité de la vie et de la mort, à aimer la vie sans craindre la mort – parce que nous nous savons avoir été toujours en route, même lorsque nous ignorions où nous allions.

La religion tient son ascendant du fait qu'elle est partout – même là où le monde ne penserait jamais la trouver. Ainsi de la cathédrale sur la place Rouge, à Moscou. Ceux qui visitaient la cathédrale sous l'ère communiste, en Union Soviétique, ne s'étonnaient pas du nombre de ses icônes encadrées d'or ni de la taille de ses murales, si magnifiques fussent-elles sans exception ; ils s'étonnaient de ce que l'église fût pleine à craquer de fidèles – toutes des personnes âgées – qui priaient, chantaient, psalmodiaient. Et cela, dans un pays dont l'idéologie stipulait qu'il ne fallait pas mettre sa foi dans une religion, qu'il fallait mettre sa foi dans l'État.

En Occident, la religion n'a pas été interdite ; elle est cependant devenue pour bien des gens une espèce de marqueur social des étapes de la vie. On tient à son baptême, à son mariage et à ses funérailles à l'église, mais la fréquentation des sacrements sur une base régulière est moins courante – exception faite de la génération plus âgée, comme dans la Russie d'avant la glasnost.

Le rapport entre les générations plus âgées et la religion est révélateur.

Des sondages menés aux États-Unis montrent que la très grande majorité des adeptes de toute confession, dans une proportion de 80 % d'entre eux, estiment que la moralité au pays est de nos jours discutable ou qu'elle se dégrade[20]. Plusieurs doutent de la crédibilité et de l'honnêteté de leur clergé. Pourtant, des dix peuples sondés, les Américains professent la foi la plus absolue en Dieu et les personnes âgées sont, de toutes, les plus croyantes[21].

La génération plus âgée semble partout savoir ce qu'ignore la génération plus jeune. Elle sait qu'au bout du compte ce n'est pas la confession, c'est la vie spirituelle, c'est la foi, c'est l'âme qui triomphe.

Religion et confession ne sont pas synonymes. La religion proclame qu'existe un principe divin d'où nous venons tous et où nous retournerons tous un jour. La confession soutient que son chemin est le bon chemin jusqu'à ce principe.

La confession, la volonté d'affirmer ou de soutenir la vérité de mes convictions religieuses se tempère toutefois avec l'âge. La vérité devient moins nette à mesure que nous avançons. De bien des façons, elle est même moins importante qu'elle nous semblait l'être jadis. Maintenant, nous ne nous intéressons pas tant aux faits, pas tant aux dogmes, pas tant aux doctrines qu'à la nature de la vie – la vie ici et maintenant, et la vie à venir. Nos questions concernent donc moins l'orthodoxie et davantage les dimensions spirituelles de la vie : Sommes-nous seul en ce monde ou y avons-nous été amené dans un but précis ? Ce but est-il strictement personnel, ne concerne-t-il que moi ou me dépasse-t-il ? Qui suis-je dans ce monde ? Qui suis-je censé être ? Sommes-nous le jouet d'une arbitraire irrationalité, ou nous trouvons-nous sur cette planète pour la rendre meilleure au passage ?

Dans la vieillesse, ce n'est pas tant la manière dont nous faisons nos dévotions – le nombre d'heures pointées à l'église, à la synagogue ou à la mosquée – qui compte. Ce qui compte est la conscience que nous sommes tous engagés dans un pèlerinage spirituel et ce qui advient de nous à la fin, quelle que soit la façon dont nous nous y prenons pour ce pèlerinage.

Ainsi la confession, qui fait de la religion un champ de bataille commence à retraiter et la religion – l'immersion dans le Mystère de la vie – commence à l'emporter.

Ainsi les querelles sur ce qui est juste et ce qui est injuste, sur ce qui est vrai et ce qui ne l'est pas, commencent à céder le pas aux questions relatives à ce qui est bon et ce qui ne l'est pas, à ce qui est vie et ce qui ne l'est pas, à ce qui est important et ce qui ne l'est pas.

Ainsi la religion cesse enfin, dans les dernières années, d'être simplement un chapelet de rites et de rituels, de règles et de réponses pour lesquels j'accumulerais en quelque sorte des points d'éternité. La religion devient ce qu'elle était de tout temps censée être : une quête et une relation avec l'Esprit qui va devant nous. Toujours devant. À tel point même que ce « devant » est incertain.

La religion n'est plus désormais une meule autour du cou. Elle est la fervente, douce, forte, ferme conscience que, oui, tout ça était en vue de quelque chose qui en vaut la peine.

~

L'un des fardeaux de ces années est la crainte que je n'aie pas assez bien pratiqué ma religion pour mériter la vie qu'elle professe.

L'un des bienfaits de ces années est la conscience que, oui, cela se doit d'être vrai : il y a un Dieu qui m'a créé et qui m'appelle à grandir, à me dépasser – à rentrer à la maison.

~

LIBERTÉ

d'être ce que je suis devenu au fil des ans

Briser les stéréotypes entretenus sur le vieillissement

« LA VIEILLESSE, écrit la romancière autrichienne Marie von Ebner-Eschenbach, transfigure ou fossilise. »

On se sent très réconforté de savoir que l'âge ne fait pas de nous un être différent. Au contraire. De certaines manières, nous sommes tout bonnement davantage qui ou ce que nous avons toujours été. Et cela signifie, bien sûr, que nous pouvons dès maintenant décider de ce à quoi nous souhaiterions ressembler à 80 ans : une personne attachante et d'un abord facile, ou acariâtre et tyrannique. Nous ne devenons pas spontanément plus aigri en vieillissant. La réalité est que nous avons toujours été aigri, mais que nous nous permettons maintenant de l'être en toute impunité. Nous ne devenons pas plus indulgent en vieillissant. Nous devenons tout bonnement et sans aucune gêne plus affectueux à chaque heure de nos charmants vieux jours. Nous devenons seulement davantage ce que nous avons toujours voulu être. Nous sommes libre maintenant de déterminer notre façon de vivre dans le monde, notre rapport au monde autour de nous, les attitudes que nous adoptons devant la vie, le sens que nous y puisons, les dons que nous y déployons — toutes réalités qui peuvent changer.

Dans les années 1970, alors dans la mi-trentaine, Sara a fait partie de la première cohorte d'Américaines mariées « à retourner à l'université ». Elle avait deux jeunes enfants, un mari qui exerçait maintenant sa profession et une ferme tout juste en périphérie de la cité universitaire de Big Ten qui bouillonnait d'une énergie toute juvénile sur l'autre versant de la montagne. Elle élevait des chèvres, entretenait le potager familial, se nourrissait de légumes de culture biologique et apprêtait elle-même ses cornichons. C'était assez courant à l'époque, sauf qu'elle voulait davantage.

Elle voulait aussi une maîtrise, si possible même un doctorat, et elle obtint les deux en moins de temps qu'il ne faut, sans ambition apparente de carrière universitaire.

Elle fut au contraire plus que satisfaite de donner quelques cours de premier cycle et elle délaissa ensuite le milieu universitaire pour réintégrer ce qu'elle appelait « le vrai monde ». Cela fait, elle s'est employée à tenir une chronique pour le journal de sa localité au service des citoyens de la région.

Sara s'est par la suite installée dans une autre petite ville plus méridionale où, selon toutes les apparences, elle a repris simplement la vie qu'elle avait menée jusque-là. Ses filles ont quitté la région, son mari est décédé ; elle s'est retrouvée à travailler pour un journal rural, à rédiger des chroniques et à publier des livres de cuisine.

Tout cela pouvait très naturellement s'inscrire sous la rubrique « Femmes : type courant » — sauf pour un détail. Elle prit sa retraite du journal à 65 ans et partit pour la Thaïlande. Là-bas, elle se mit à enseigner l'anglais langue seconde à de jeunes femmes de Bangkok, dans le cadre d'un programme de volontariat international en pays en voie de développement. « Libre » pour la première fois de sa vie, Sara s'était une fois de plus attachée.

Aux yeux de certains, cette situation était au mieux préoccupante – pour ne pas dire carrément inquiétante. Pourquoi faire une chose pareille ? Dans ce pays ? À son âge ?

Il faut peut-être un moment pour se l'expliquer ; mais ce n'est réellement pas si difficile à comprendre. Sara ne voulait pas être « libre ». Sara voulait ce qu'elle avait toujours voulu. Elle voulait être Sara. Le reste du monde – ceux du genre à présenter à grand renfort de publicité la vieillesse comme un Disneyland pour adultes – avait simplement mal compris ce que signifie le mot « liberté ».

La tendance à nous adresser aux personnes plus âgées comme à des enfants vient des stéréotypes d'incompétence dont sont tellement marquées les caricatures que nous avons dessinées des personnes plus âgées après leur retrait du marché de l'emploi. Au lieu de saluer la sagesse et l'expérience des générations antérieures – comme faisaient les Grecs, les Romains et les Amérindiens, par exemple –, la société techno-industrielle infantilise quiconque dont la vie n'est plus asservie aux savoir-faire et aux langages de ce monde. Dès que les gens ne peuvent plus causer de projets de publicité, d'objectifs du service ou du travail, l'expérience qu'ils ont accumulée au fil des ans n'est plus une valeur ajoutée dans la société qui l'a pourtant engendrée. On voit plutôt de moins en moins d'utilité à ces personnes dès la fin du rapport trimestriel suivant. Leur expérience présumée ne compte pour rien. Elles ne connaissent plus le système. Elles ne connaissent plus le personnel. Elles ne connaissent même plus le directeur qui, tout comme elles, a été éjecté à son tour de l'organisation. Tous les ponts sont coupés. Tous les liens se sont effrités. Toute l'expérience a été réduite en poussière.

Laissées derrière une fois que le système n'a plus besoin d'elles, ces personnes sont plutôt « libres » d'être inutiles, d'être la devanture de la société.

Sara ne voulait pas de cette sorte de fausse liberté. Sara voulait être Sara. Elle voulait continuer d'être davantage ce qu'elle avait toujours été : productive, créative, engagée, nécessaire. Aussi est-elle allée enseigner en Thaïlande, là où personne ne lui demanderait son âge et où personne ne s'en soucierait. Les gens y savaient seulement qu'elle était pour eux importante.

Elle avait trouvé le secret pour bien vieillir. Elle avait redéfini la liberté aux yeux du monde.

La liberté, dans l'enfance, est peut-être le droit d'être totalement centré sur soi. À l'adolescence, je m'exerce à l'art subtil de me concentrer sur moi-même jusqu'à ce que je sache qui je suis et ce que je suis en mesure d'être. À l'âge mûr, je suis libre d'être qualifié, d'être fin prêt, d'être expert, d'être indépendant. Dans la vieillesse, la liberté est plutôt de devenir l'être que j'ai travaillé à modeler pendant toutes ces années. C'est la liberté de rassembler tout ce que j'ai appris jusque-là et d'en faire maintenant un usage encore plus palpitant. C'est la liberté de me donner à ceux qui ont réellement besoin de moi, comme je n'ai jamais eu l'occasion de le faire auparavant. Je suis libre d'être important pour des gens qui ont de vrais besoins. Investi de ce nouveau rôle dans la vie, je deviens l'une de ces rares personnes à savoir ce qu'il faut pour traverser la vie, pour survivre à ses perturbations, pour triompher de ses exigences, pour naviguer dans ses hauts-fonds. Et je suis libre de le faire maintenant, non seulement pour moi-même – mais pour le monde entier.

La liberté dans les dernières années est la dispense d'avoir à vivre comme tout le monde. Je n'ai plus désormais à « me conformer » à toutes les idées reçues ni aux principes, positions et orientations politiques de l'entreprise. Je puis adopter le point de vue que je veux. Je puis être la socialiste dans une association républicaine. Je puis être la féministe à une réunion du comité d'orientation pastorale. Je puis être l'environnementaliste à l'assemblée des actionnaires d'une pétrolière. Je puis réunir toutes les pièces de ma vie, les examiner attentivement, puis dire aux miens les paroles qu'ils ont besoin d'entendre – avant qu'il ne soit trop tard.

Lorsque je me rends compte que la liberté est en réalité le droit d'être moi-même plutôt qu'un autre – cela peut-être pour la première fois de ma vie –, alors s'amorce la libération de l'âme. Et, avec elle, l'émancipation de l'esprit. Je peux devenir un être nouveau, aussi bien que simplement davantage l'ancien. Parce que, quel que soit le sentier qui m'a menée ici, il n'est pas le seul sentier auquel j'aie jamais songé, qui m'ait jamais fascinée ou que j'aie jamais voulu explorer. Alors pourquoi pas aujourd'hui, maintenant que le bon sens et l'expérience de toute une vie en encadrent l'exploration ?

J'ai le droit maintenant d'explorer de nouvelles idées, d'entretenir de nouvelles pensées – que je n'ai pas apprises à la maison, que je n'ai pas osé avouer en public. Je peux par exemple commencer à penser Dieu par moi-même. Mes réponses seront certainement aussi justes que celles de n'importe qui d'autre et bien plus chères à mon cœur.

Je suis enfin libre maintenant de m'engager dans la vie comme jamais auparavant, quand toutes les directions étaient précises, toutes les exigences contraignantes, toutes les responsabilités définies.

Voici maintenant venu le temps de tout repenser. Tout. Dieu, la vie, le travail, les relations, les attitudes, les buts. Je suis maintenant libre de tous les évaluer à l'aune de mon expérience, de les refaçonner à partir de mes nouvelles connaissances, de m'essayer à tout ce à quoi me conduit ma nouvelle énergie spirituelle, d'ajouter de nouvelles idées aux anciennes qui ont si longtemps réglé ma vie.

~

L'un des fardeaux de ces années est de permettre à tous les stéréotypes de la vieillesse de me retenir, de me limiter, d'endiguer en moi le flux de la vie.

L'un des bienfaits de ces années est qu'elles me donnent la chance de rompre avec les interdits de ma vie passée et de me tailler une vie mieux assortie à ce que je veux être.

~

RÉUSSITE

« MÊME SI CELA PEUT SEMBLER ABSURDE, confiait Ellen Glasgow, il est vrai que je me suis sentie plus jeune à 60 ans qu'à 20 ans. »

Nous avons tendance à oublier, lorsque nous sommes tenté de pleurer la fin de nos années d'âge mûr et la perte de la jeunesse, qu'il s'est agi dans les faits de périodes assez peu commodes. Jeune, nous nous préoccupions d'être populaire, brillant ou accepté. Dans nos années d'âge mûr, nous nous préoccupions de tout acheter, de tout avoir, de tout goûter.

Une chose ne fait aucun doute : quoi que nous soyons devenu à 60 ans, tel nous sommes. La course contre la montre est terminée. Nous pouvons maintenant simplement savourer l'ineffable sentiment d'avoir finalement survécu à l'ascension, d'être libéré de la perpétuelle concurrence, des interminables requêtes d'abnégation. Maintenant la vie n'est que la vie et rien d'autre.

Le conditionnement est néanmoins bien ancré. Il y a sûrement quelque chose pour quoi nous devrions nous battre même maintenant, même ici. Il y a sûrement quelque chose qu'il nous faille gagner. Il y a sûrement quelque chose qui compte plus que notre bonheur ou notre satisfaction. Sinon, à quoi cela rime-t-il ? Sinon, pourquoi donc est-ce que je me sens ainsi ? La réalité est qu'on nous a inculqué l'importance de la réussite encore tout jeune, ce qui nous rend d'autant plus difficile de goûter la vie à mesure que nous vieillissons.

Nous disons vouloir apprendre à nos enfants à réussir, mais nous entendons en vérité leur apprendre à être compétitifs. En fait, toute notre vie nous sommes en compétition et nous appelons cela « réussite ».

Nous sommes en compétition pour des emplois, des postes, de l'avancement, des hausses de salaire. Nous sommes en compétition avec nos voisins pour la plus grande maison. Nous sommes en compétition avec des proches en poussant nos enfants à être encore plus compétitifs. Nous sommes en compétition avec le reste de la famille pour planifier des voyages plus coûteux, plus extraordinaires. Nous disputons toutes les courses de la vie, franchissons tous les obstacles, exhibons tous les rubans, trophées et plaques que le monde a à offrir. À la fin, nous sommes exténué.

Résultat : ulcère et maladie cardiaque frappent tôt. Le travail offre moins d'attrait et, un jour, ceux qui courent derrière nous nous rattrapent et nous devancent. Et la partie est finie.

Ce qui fait problème, ce n'est pas tant la lutte que le sacrifice de toutes les autres dimensions de la vie pour parvenir à la réussite. Nous sacrifions nos opinions, nos désirs, nos intérêts, nos objectifs personnels pour répondre aux besoins des gens qui nous entourent et, au bout du compte, nous sacrifions l'épanouissement de notre être aux lauriers de l'édifice social : meilleur emploi, fierté de la famille, espérances du monde.

Avons-nous réussi ? À quoi ? Et qui le sait ? Tout dépend de ce en quoi nous avons toujours pensé que consistait le succès.

La seule bonne nouvelle dans cette histoire, si nous avons de la chance, c'est que ce rôle disparaîtra avant nous. Et probablement plus tôt que nous ne l'imaginerions. Puis commencera pour nous la tâche de reconsidérer tout ce en quoi nous avons toujours cru que consistait le succès.

La retraite s'inscrit à contre-courant de la culture dominante. Elle proclame que le seul fait d'être vivant et d'apprendre à bien vivre est en soi un signe, pour le reste de l'humanité, de la quintessencielle perfection de la vie. L'objet d'un travail est de gagner sa vie, pas de se faire une vie. Se faire une vie ce est que nous sommes censé réaliser par-delà la fonction. En cette partie-ci de la vie nous nous employons à réussir dans toutes les autres dimensions de ce que signifie être vivant.

Les questions qui se posent à nous à la retraite *ne* sont *pas* les questions auxquelles cette société nous apprend à répondre alors que nous aspirons à la « réussite » sociale.

Avons-nous réussi à faire de la famille une « famille » ? Dans la négative, il reste encore des années pour y arriver. Nous pouvons téléphoner aux enfants au lieu d'attendre qu'ils viennent à nous. Nous pouvons poster des cartes de vœux, prêter notre auto et même accompagner maintenant les petits-enfants au jardin zoologique.

Avons-nous réussi à être un bon voisin ? Dans la négative, il y a des gens du pâté de maisons qui auraient besoin qu'on leur rapporte des produits de l'épicerie, des gens à l'autre bout du corridor qui apprécieraient une ballade en voiture, des gens qui seraient ravis d'avoir quelqu'un avec qui jouer aux cartes, aller au spectacle ou partager des plats tout simples et de longues conversations.

Avons-nous réussi à nous ménager une authentique vie spirituelle qui dépasse et transcende l'assiduité aux événements liturgiques et au culte, les jours saints, une vie spirituelle par laquelle la présence de Dieu gouverne toute l'existence ? Dans la négative, nous pouvons nous joindre maintenant à un groupe de prière, à un groupe de lecture ou à un groupe d'action sociale, et faire le nécessaire pour que la terre soit un meilleur endroit à notre départ qu'à notre arrivée.

Avons-nous réussi à vivre harmonieusement sur terre, à assurer dans notre vie un équilibre entre le temps consacré à la nature, le temps consacré aux gens, le temps consacré à Dieu, le temps consacré à la réflexion, le temps consacré à une nouvelle forme de croissance personnelle ? Dans la négative, voici venu le moment de planifier nos journées plutôt que de les laisser simplement filer sans y prendre garde.

Avons-nous réussi à apprendre à être heureux en promenant le chien, en fabriquant des bijoux, en apprenant à pêcher, en restaurant le bois – en nous appliquant à quelque occupation pour la seule raison que nous adorons le faire ?

Avons-nous réussi à nous ménager le genre de vie intérieure nécessaire pour survivre aux exigences extérieures de l'existence ?

Avons-nous réussi à devenir une personne – une vraie personne ? Une personne qui est vraie !

Finalement, tout s'éclaire : la réussite est une réalité bien plus simple que ce qu'on nous en a toujours dit. Elle consiste à se munir de l'essentiel, à apprendre à être heureux, à ne pas perdre de vue son moi spirituel, à mener une vie équilibrée, à n'infliger aucun tort, à ne faire que du bien. La seule mesure d'une vie bonne est ici le bonheur.

~

L'un des fardeaux de la fausse réussite est qu'elle institue une norme artificielle qui nous suit toute notre vie durant, nous laisse dans l'appréhension, nous laisse dans un état de perpétuelle insatisfaction, trop tendu pour savourer la retraite, trop accaparé par les détails éphémères de la vie.

L'un des bienfaits de la vraie réussite réside dans le fait que nous en arrivons, à un moment dans la vie, à ne plus en surestimer aucun des aspects. Nous en arrivons plutôt à évoluer commodément et pleinement dans tous ses aspects.

~

TEMPS

« Il faut longtemps pour devenir jeune », écrit Pablo Picasso.

En d'autres mots, la beauté des dernières années est que nous nous retrouvons avec une âme très jeune à la fin d'une très longue vie si nous avons appris, dans le cours de la vie, à avoir foi au moins autant en nos idées à nous qu'en celles apprises.

Le temps a fait pour nous le nécessaire. Nous avons gagné en profondeur à titre de personne. Notre personnalité s'est épanouie. Notre façon de penser s'est assouplie. À l'arrogance et à l'autoritarisme, nous avons préféré l'étude d'idées nouvelles et le respect d'autrui. Nous voyons maintenant fraîchement, clairement, ce que d'une certaine manière nous n'avions jamais vu. Si nous observons de près les personnes plus âgées, celles qui sont libres, celles qui laissent venir à elles la vie plutôt que de chercher à la tirer de force à elles, nous pouvons voir cela se produire directement sous nos yeux.

Thomas était bel homme. La barbe blanche bien taillée, les yeux noirs enfoncés du philosophe et un sourire énigmatique, où pointait le mutin, laissaient supposer une époque plus princière. Mais Thomas n'était pas un grand seigneur, c'était un artiste toujours actif. « Travaille », lisait-on sur l'écriteau au mur de son atelier. Dès 6 heures tous les matins, depuis plus de vingt-cinq ans, il se rendait de fait à son atelier pour s'adonner aux rudes et solitaires travaux du maître potier, un savoir-faire ancien qu'il avait lui-même beaucoup enrichi au fil des ans. Ses pièces énormes et typiques, modernes et étincelantes, trônaient dans des galeries et des musées autour du monde : depuis le Vatican, à Rome, jusqu'au Victoria and Albert Museum de Londres, en Angleterre, sans oublier le Smithsonian, aux États-Unis. Et il ajoutait chaque année des pièces incroyablement uniques à sa production.

Il passait sa vie couvert de poussière d'argile et maculé de glaçure. Son atelier était blanc de poudre, jonché de piles de composés minéraux d'origine néo-écossaise et de feuilles séchées importées de Chine, encombré de sacs d'argile et d'étagères suspendues au plafond où les nouvelles pièces attendaient d'être passées au four. Un étroit passage menait de la porte à la table de travail ; un autre, de la table au tour. C'était tout ce dont il avait besoin. C'était tout ce qu'il désirait.

Son art était sa vie – passée et future – et le futur, le désir de créer la pièce parfaite, l'obsédait. « C'est la malédiction, la bénédiction de l'esprit du débutant, disait-il. Tu n'y arrives jamais ; tu continues simplement à apprendre, tu continues à essayer, dans l'espoir qu'un jour apparaîtra ce qui est censé apparaître, quoi que ce soit. »

Il sentait le temps peser sur ses épaules. Il le redoutait. Il avait encore tant à faire, confiait-il. Déjà âgé de 78 ans, il s'inquiétait un peu du poids des grosses pièces sur ses bras et projetait une grande rétrospective de son œuvre dans deux années, pour ses 80 ans. Je suis loin, disait-il,

« d'être fini ». Il créait chaque année une collection de moules, nouvelle, différente, et des vernis plus extraordinaires, plus originaux.

Un soir, il est tombé dans le corridor en sortant de sa chambre et il a fait une hémorragie. Quand le diagnostic est tombé, Thomas en a été plus que secoué. « Inopérable », ont-ils décrété. « Une question de semaines », lui ont-ils annoncé. « Comment vous sentez-vous ? » lui ont-ils demandé. « Déçu », qu'il a répondu.

Le temps l'avait rattrapé. Mais pas avant que Thomas n'ait vécu assez longuement, travaillé assez longtemps pour laisser s'exprimer encore et toujours en lui le novice. Thomas avait fait la course avec le temps – et perdu. Comme nous tous. Mais pas avant d'avoir appris à jouer avec la vie. À être plus qu'un potier. À interdire aux vieilles idées le droit d'étouffer en lui de nouvelles inspirations.

Le temps, c'est clair, nous rattrape tous. Un jour ou l'autre. Si au moins nous le reconnaissions.

Rien ne pèse plus lourdement sur la vieillesse que le temps. Rien n'a davantage de sens. Le temps est maintenant tout ce qui reste – la seule chose qui reste – dans la vie. Soudain, le temps n'est plus à perdre. Le temps devient maintenant, avec une sorte de brutale évidence, ce qu'il a toujours été : le bien le plus précieux de la vie. À cette seule différence que nous le savons enfin.

Mais le temps n'est pas unidimensionnel. Le temps fait bien plus que simplement « passer ». Il remplit une fonction pratiquement incomparable dans la vie.

Quand nous sommes jeune, le temps s'écoule très lentement, non pas parce que le temps serait tout, sauf réglé, mais parce que nous sommes alors toujours pressé. Vivre dans l'instant n'est pas le propre de la jeunesse.

Les jeunes sont plutôt toujours en route vers ailleurs. Ils n'ont pour l'instant présent aucune patience – parce que leur vie se passe à vouloir déborder les frontières de l'instant présent pour toucher aux possibles du proche futur. Ils désirent être plus vieux, être indépendants, être importants, être prospères, être quelqu'un. Ils s'absorbent dans leur désir.

Les vieux ont quant à eux depuis longtemps épuisé le désir, l'élan, la combativité. Ils s'absorbent dans l'être. Être en vie, être en santé, être présent à l'instant, être soi-même, être heureux, être à nouveau jeune dans la délectation et dans la sagacité.

Le fait d'avoir passé le cap des années où s'établir et assurer sa sécurité sont les points de convergence de l'existence nous laisse l'incomparable possibilité de vivre. Simplement vivre. Ce ne sont plus maintenant les relations ni les réalisations qui comptent, mais le temps. Le temps de vivre le reste de l'existence avec une pure assiduité et une intelligence vierge.

Le temps n'agit pas que sur nous, il agit sur les choses. Il agit sur nos souvenirs et nous offre le plaisir d'en faire le tri. Il agit sur nos agacements et nous offre le soulagement de les oublier. Il agit sur nos amitiés et nous offre le réconfort de la sécurité.

Le temps donne aussi de la profondeur aux choses. Il nous offre le luxe de tenir maintenant tant de choses pour certaines. Il fait peut-être froid aujourd'hui, mais – patience – d'ici peu le soleil reviendra. Ma petite-fille pleurniche peut-être maintenant, mais le sourire lui reviendra dans la matinée. Les voisins se querellent peut-être maintenant, mais ils se réconcilieront comme tant de fois déjà. Peu importe les nombreuses morts de la journée, la résurrection vient. Nous savons qu'elle vient parce qu'il en a toujours été ainsi – avec un peu de temps – et il en sera aussi de même maintenant.

Le temps mûrit les choses. Il mène chaque chose à son achèvement. Nous-même devenons plus mûr, plus réceptif, plus serein. Nous avons déjà survécu à tant, qu'est-ce qui pourrait bien maintenant ruiner notre égalité d'âme ? Rien ne nous a été épargné : guerres, pertes, douleurs, renversements de régimes, ruptures, crises économiques, manque d'argent, affres de l'endettement. Et voyez, nous sommes toujours là. Nous sommes encore là. Nous sommes là. Cela suffit pour que nous soyons comblé.

Maintenant nous vivons dans l'intensité du moment, avec un sentiment nouveau d'éternité. Et cela nous remplit d'un sentiment d'urgence. Cela nous envahit comme de grandes vagues d'émotion. Qui a jamais vu l'herbe aussi verte ? Qui a jamais contemplé les roses en train de fleurir de la sorte ? Qui a jamais goûté le calme du soir avant cette nuit, humé l'air frais du matin ? Si tout ça s'est produit déjà, où étais-je à ce moment-là ?

Le temps est une merveille, à condition que je sache bien l'occuper. À condition de ne pas permettre au passage du temps d'entamer mon entrain, de le percevoir au contraire comme un appel à vivre jusqu'au bout – à être jusqu'à la fin, comme Thomas, le meilleur de moi-même, aimant la vie et me perfectionnant. Alors le temps est mon ami, pas mon ennemi. Il m'insuffle un sentiment plus aigu de la vie dont il m'exhorte à tout explorer. Il marque la plénitude de la vie, sa maturation, et libère en moi l'être qui, depuis le début, aspirait à l'existence. C'est une nouvelle sorte de vie.

Maintenant, je dispose aussi d'heures de quiétude, d'heures de solitude pour tout passer en revue – tous les endroits où j'ai été, toutes les personnes que j'ai connues, tout ce que j'ai fait dans la vie, tous les moments glorieux et toutes les funestes erreurs, tous les succès et tous les échecs personnels – et d'être content pour tout ça. Aucun d'entre eux ne m'a appris quelque chose sur la vie. Aucun d'entre eux ne m'a rendu plus fort. Ils sont tout ce que j'apporte à cette heure présente – quand la seule question à laquelle il me reste encore à répondre dans la vie est : que suis-je devenu ?

~

L'un des fardeaux de ces années est de laisser le temps m'alourdir les mains, de rester à attendre simplement que la vie prenne fin – « en lui extorquant encore un autre jour jusqu'à l'arrivée du grand jour », comme on dit en Irlande.

L'un des bienfaits de ces années est de saisir combien cette ultime période de la vie est un moment fertile et important. Je peux, si je le veux, l'employer à construire le meilleur et le dernier moi-même.

~

SAGESSE

« Dans notre jeunesse, nous apprenons ; dans notre vieillesse, nous comprenons », écrivait à 75 ans Marie von Ebner-Eschenbach.

Cette femme comprenait manifestement la fonction de la vieillesse, le rôle des personnes âgées.

Or la compréhension est l'assise de la société. Elle nous rend capable de saisir pourquoi nous faisons ce que nous faisons, de prendre conscience des raisons pour lesquelles nous ne pouvons, en toutes circonstances, faire ce que nous voulons. C'est dans l'évolution de la compréhension pour la génération suivante, dans la cocréation du monde, que la génération plus âgée tient un rôle si important.

Le service dont le monde entier a besoin de la part des aînés n'est pas un service qui se calcule en heures et en journées, en documents complétés et en appareils réparés. Tout ça, des gens en nombre incalculable peuvent le faire.

Non, le service qu'on attend des aînés n'est pas un service de main-d'œuvre, c'est un service d'enseignement, de sagesse, de discernement spirituel – et seuls les messagers des générations passées peuvent nous offrir cela parce que la sagesse est ce qui reste quand une expérience prend fin. Nous ne pouvons donc pas nous attendre à ce que la sagesse soit le lot commun des jeunes : ils n'ont pas assez vécu pour avoir été en mesure d'en recueillir beaucoup.

Fait curieux, cette période de la vie où nous arrivons enfin à comprendre réellement certains détails du bien-vivre est celle où nous nous sentons le plus extérieur à la vie. Beaucoup trop souvent, c'est précisément au moment où les gens en savent plus qu'ils n'ont jamais su qu'ils commencent à se sentir inutiles. Vivant en retrait de la maturité active, ne nous rendant plus ni au bureau, ni au magasin, ni au garage municipal, n'étant plus responsable d'assemblées, de comités, des enfants, de la famille ou de l'entreprise, nous commençons à douter qu'il nous reste le moindre rôle dans la vie. En fin de compte, tout ce qui nous a jamais donné du prestige ou de l'influence s'est tout bonnement évaporé, a disparu, n'est plus.

Les enfants volent maintenant de leurs propres ailes. Ils téléphonent, ils nous rendent visite, mais ne demandent jamais plus beaucoup d'aide. Ils se débrouillent maintenant avec leur famille et les questions d'argent. Ils ne nous demandent pas conseil.

Le journal de la compagnie nous parvient toujours, bien sûr, mais notre nom n'y figure plus jamais. Nous ne comprenons guère le nouveau jargon qu'on y utilise et nous nous sentons encore moins dans le coup. Nous n'avons en réalité plus la moindre idée de ce dont on parle dans ce journal. Nous n'en disons rien, bien sûr, mais nous savons au fin fond de nous-même que nous sommes dépassé.

Nous entendons la rumeur de la rue, nous entendons claquer les talons dans la cage d'escalier, mais personne n'arrête pour nous dire où il va ni d'où il vient.

Notre rôle, s'il en est un, a manifestement changé. Mais quel est-il ? Et quel en est l'objet ? Et si nous n'avons plus même un rôle, que nous reste-t-il en ce monde ? Que sommes-nous pour quiconque, maintenant que nous ne sommes plus aucune de ces choses que nous pensions jadis si importantes ?

En fait, le moment de désengagement apparent est précisément le moment où nous devenons le plus important pour le monde autour de nous. Nous avons maintenant passé le stade d'être simplement une pièce remplaçable parmi d'autres dans la vie. On ne peut nous remplacer ni remplacer tout ce que nous croyons, connaissons ou comprenons. Notre compréhension des choses est unique. Il serait impossible de remplacer par une simple routine technique ces idées dont l'élaboration a nécessité une vie entière. Elles sont l'œuvre de l'âme.

Notre rôle est maintenant d'être ce que nous avons découvert de la vie. La sagesse est notre responsabilité. Seuls ceux qui ont vécu assez longtemps dans cette société peuvent vraiment prétendre avoir la perspicacité de savoir ce qui lui est indispensable et d'indiquer ce qui ne le lui est pas.

À défaut d'autre chose, ceux qui ne sont plus soumis aux pressions de la vie active sont des plus susceptibles d'en comprendre, par exemple, les effets sur l'esprit humain. Ainsi la génération plus âgée est-elle à tout le moins capable de nous montrer une autre façon de vivre.

Les Américains, nous disent les chercheurs, disposent de beaucoup moins de temps pour réfléchir que les peuples de presque toute autre culture dans le monde moderne. Les Américains sont le peuple occidental qui manque le plus de vacances. Dans la plus grande partie de l'Europe, la norme est d'un minimum de plusieurs semaines de repos et de vacances – alors que bien des Américains jouissent à peine de deux semaines de vacances payées chaque année.

Suivant Joe Robinson, auteur de *Work to Live* et fondateur de la Work to Live Campaign aux États-Unis, « si l'on s'en tient au nombre d'heures travaillées, les Américains s'activent annuellement deux pleins mois de plus que les Allemands », par exemple.

Parce qu'elles vivent à un rythme plus lent, se donnent à nouveau le temps de lire, fouillent de nouvelles questions et prennent part aux débats du jour, les personnes âgées ont l'occasion de nous prodiguer une sagesse nourrie d'expérience.

Les personnes plus âgées ont ce dont ce monde a le plus besoin : le bagage d'expérience qui peut épargner à la génération montante les erreurs de celle qui l'a précédée. Voici une génération qui connaît, par exemple, les horreurs incommensurables du génocide et de l'holocauste. Cette génération sait que la guerre ne règle rien, mais sème les graines de la suivante. Cette génération sait qu'il ne saurait plus être question d'« individualisme farouche » : nous sommes tous ensemble dans ce monde changeant. La génération plus âgée sait que seul est bon pour chacun de nous à long terme ce qui est bon pour tous et chacun de nous aujourd'hui même. Voilà la sagesse. La sagesse ne tient pas mordicus aux anciennes façons de faire. Elle est la capacité de faire de la vérité ancienne la mémoire vivante d'aujourd'hui.

Seules les personnes âgées ont survécu aux bonnes et mauvaises décisions du passé. Elles ont de ce fait la sagesse requise pour nous éveiller à des solutions de rechange, pour évaluer les choix présents à la lumière de l'histoire.

Les aînés ont pour rôle d'apporter leur sagesse aux tables où l'on décide du sort de ce monde et où règne maintenant trop généralement en maître absolu le pragmatisme. Le monde a besoin de femmes et d'hommes qui mettent en doute la pertinence de devoir faire ce qu'il est possible de faire. L'expérience même des aînés enseigne au monde que la force n'est pas la seule manière de résoudre un problème. Ils ont vu l'Allemagne et le Japon souffrir de leur militarisme, et ils savent que même la force peut ne pas être le meilleur moyen d'assurer sa sécurité. Ils savent aussi que l'argent peut ne pas être la réponse à un problème. Ils savent ce qui advient de l'âme d'un pays quand la corruption balaie l'intégrité et que la soif de pouvoir tourne à la paranoïa comme ce fut le cas au temps du maccarthysme.

Gommez la présence sur la scène publique de la génération plus âgée et vous gommez la mémoire du monde, les sensibilités séculaires. Inventer la bombe nucléaire était facile. S'abstenir de l'utiliser est pourtant ce dont notre temps a suprêmement besoin. Et cela requiert une grande sagesse.

La sagesse n'est pas la particularité d'être marié au passé. La sagesse est la capacité d'être fidèle à des idéaux. Comme l'a écrit le poète japonais Bashô : « Je ne cherche pas à marcher sur les traces de ceux d'antan. Je cherche seulement ce qu'ils cherchaient. »

Et pourquoi les aînés d'une société doivent-ils se mêler eux-mêmes aux grandes discussions de l'heure ? Pour la raison, à défaut d'une autre, qu'ils sont réellement les seuls libres de dire la vérité. Ils n'ont plus rien à perdre :

ni prestige, ni bataille, ni argent, ni pouvoir. Ils sont censés être les prophètes de la société, sa boussole, sa conscience.

Non, les personnes plus âgées ne sont pas inutiles dans une société – à moins qu'elles ne choisissent de l'être. Mais renoncer à la fonction de voyant et de sage dans une société qui foisonne de techniciens et bureaucrates, c'est abandonner le monde que nous avons bâti. Voici maintenant venu pour nous le temps d'évaluer ce que nous avons accompli, ce que nous avons perdu, ce que nous perdons – et de n'épargner aucun effort pour le faire savoir. Il incombe à la génération plus âgée de braquer une nouvelle fois les projecteurs sur nos plus nobles idéaux quand baissent les lumières de l'âme. Avant qu'il ne soit trop tard.

~

L'un des fardeaux de ces années est d'acquiescer à la notion que rien ne saurait sauver un peuple dont une génération plus jeune a la responsabilité.

L'un des bienfaits de ces années est d'avoir la chance d'assumer le rôle de penseur, de philosophe, d'intervenant, d'interrogateur, de guide spirituel dans un monde qui court sans savoir où, sans réel objectif humain à portée de vue ni sagesse acquise d'expérience.

~

TRISTESSE

« Rien de mieux pour se chauffer que le vieux bois, pour se désaltérer que le vieux vin, pour se confier que les vieux amis, pour s'instruire que les vieux auteurs », disait Francis Bacon.

Et il avait sûrement raison, du moins d'un certain point de vue. Il y a quelque chose dans le fait de vieillir qui nous invite à nous ranger un peu. Nous commençons à nous encroûter et ce n'est pas faute de connaître d'autres façons de faire, d'autres lieux, d'autres personnes, mais parce que nous refusons vraiment de consentir l'effort nécessaire. Faire la connaissance d'autres personnes, concevoir de nouvelles idées, nous entretenir de sujets nouveaux, adopter de nouvelles habitudes n'exige pas que des efforts, cela nécessite aussi une attention renouvelée. Par ailleurs, la seule pensée de ce qui nous est familier nous réconforte. Cela nous assure que la vie, telle que nous l'avons connue, est toujours là, toujours stable, toujours sûre.

Alors nous nous installons dans une routine d'amis, de plats, de lieux, de projets et d'idées. C'est plus facile. Non seulement est-ce facile, c'est également épanouissant. Ces réalités sont notre identité et notre joie. Elles disent qui nous sommes, qui nous avons toujours été, quelles sont nos appartenances et pourquoi.

Mais il y a un prix à payer pour nous accoutumer à être totalement et uniquement ce que nous avons toujours été. Le prix du coutumier est l'angoisse de la perte, l'appréhension inséparable du sentiment d'être de plus en plus seul à mesure que disparaissent les vieux points d'ancrage d'une vie : le petit bar du quartier qui n'existe plus, le gymnase qui a fermé ses portes, la vieille boutique de mode où l'on connaissait nos mensurations et nos goûts. Tandis qu'à tour de rôle disparaissent ces repères, nous prenons de plus en plus conscience que nous sommes nous-même un monde que personne ne connaît plus.

Pas étonnant que la mélancolie s'installe naturellement à mesure que passent les années. Le monde autour de nous commence à changer et, petit à petit, le monde qui nous a façonné disparaît presque sans prévenir, avec à peine un signe de tête. Un jour, toutes les beautés de ces années-là déferlent soudain en nous dans une tornade d'émotions. Le problème, c'est que personne ne s'intéresse à elles maintenant, sauf nous. Ces années-là ont emporté avec elles une part de nous-même. Faut-il en pleurer – ou en célébrer – la disparition ?

La vie qui n'est plus, c'est la vie qui nous a façonné. Ce n'est pas tant qu'elle ne soit plus désormais qui nous rend triste – c'est que nous nous demandons si ce que cette vie a façonné en nous existe encore ou non.

Le souvenir des jours où nous apprenions à nous agenouiller pour réciter nos prières du soir et nous levions pour chanter des cantiques n'est bien sûr en rien une valeur absolue garante du présent. Il vaut cependant peut-être la peine de se demander s'il reste encore ou non un peu de cette piété juvénile en nous. La peine qui se greffe au souvenir de notre piété perdue est une peine de bon aloi. Elle indique que quelque chose en nous se cramponne encore à l'innocence de l'enfance. Nous sommes loin d'être devenu aussi blasé, aussi sceptique que nous le pensions. Nous avons maintenant accès à la vérité durement acquise de la vertu durement acquise, le genre de vertu qu'on gagne à rude école. Nous ne retenons vraiment la leçon qu'une fois les règles transgressées – qu'à partir du moment où nous cessons de nous demander si nos passions de jeunesse compromettent ou non notre salut. Nous savons maintenant que, si nous oublions la présence de Dieu dans notre vie, nous nous retrouvons terriblement seul. Cela ne fait pas de doute : il y a des moments du passé qui, lorsqu'ils nous reviennent soudain à l'esprit, sont comme l'aiguillon d'une nouvelle prise de conscience.

La tristesse vient aussi nous dire qu'il y a du mérite à la vieillesse, y compris la nôtre. Vieillissent bien – vins et fromages nous l'apprennent – ceux de la meilleure qualité, de la plus grande saveur, d'une durable endurance. Vieillir ne suffit pas en soi. Bien vieillir est le vrai but de la vie. Nous permettre de vieillir sans vitalité, sans énergie, sans utilité, sans progrès, c'est simplement prendre de l'âge plutôt que de bien vieillir en cheminant.

Le vieillissement est le processus par lequel nous faisons face aux tâches propres à chaque palier de la vie. Et celles auxquelles nous échouons, ou que nous différons en cheminant, restent toujours une entreprise inachevée à laquelle il nous faudra trouver une solution dans les années à venir.

La vie est censée nous former à l'indépendance, nous introduire à la maturité qui s'amorce dans l'apprentissage pour se terminer dans la maîtrise et, ces tâches accomplies, nous conduire au summum de la probité, de la sagesse, de l'ancienneté dans la communauté mondiale. Le processus consiste à mûrir en cheminant, à devenir plus fort, plus aimant, plus fécond, plus prodigue de sagesse à mesure que nous en gagnons – de telle façon que nos successeurs puissent marcher dans un sentier plus dégagé.

La tristesse de la perte d'amis est dès lors la tristesse ressentie quand commence à se défaire la compagnie qu'ils nous ont offerte à chacune des étapes précédentes de la vie, riant et apprenant avec nous tout le long du chemin. Nous perdons contact, ils emménagent au loin, ils disparaissent. Ils nous laissent nous dépêtrer tout seul. Ou peut-être les quittons-nous pour de plus flamboyants appeaux et découvrons-nous seulement ensuite que rien dans la vie ne peut se comparer à pareille complicité. Nous finissons par apprendre qu'il est possible d'escalader n'importe quel sommet aussi longtemps qu'un cordon de rappel nous relie à un grimpeur au moins aussi bon que nous. Les images vont et viennent au passage des ans et, avec elles, le souvenir d'un amour immérité.

Enfin nous nous rappelons les grands héros, leurs nobles idées, leurs sublimes actions dont le passé nous a fait l'héritier. Ils ont tourné notre cœur vers de plus hautes aspirations quand nous étions jeune. Ils nous ont inculqué des notions de la grandeur de l'âme. Ils ont agi comme un aimant sur notre cœur. Qu'est-il advenu d'eux ? Qu'est-il advenu de nous ? Avons-nous été à la hauteur d'un seul d'entre eux ? La tristesse vient de ce que, nous le savons, nous voulions être aussi pur, aussi intrépide, aussi authentique dans notre vie qu'eux dans la leur. Mais quelque part en cours de route, la vie est devenue plus accaparante, plus accablante, plus complexe. Et de la sorte, maintenant, dans le temps qui reste, la vie n'est pas finie. Il y a abondance d'entreprises inachevées, trop de paroles toujours inexprimées, trop d'enseignements à donner encore si nous voulons un jour avoir fait notre part pour rendre notre monde aussi bon qu'ont rendu le leur les héros des générations antérieures.

~

L'un des fardeaux de ces années est la tentation de céder à la tristesse naturelle causée par le tour imprévisible de la vie et de s'y accrocher au point que vivre dans le présent est une rude et déprimante perspective.

L'un des bienfaits de ces années est la prise de conscience qu'il nous reste encore tant à faire que nous n'avons ni le temps ni le droit d'être triste.

~

RÊVES

« Dans ses rêves, on n'a jamais 80 ans », écrit Anne Sexton.

Quoi qu'il arrive au corps, quels que soient les maux physiologiques dus au vieillissement, l'esprit ne vieillit pas. Dans nos rêves, dans la manière dont nous nous représentons nous-même, nous sommes éternellement très bien. Nos rêves nous donnent toujours à voir un moi plus jeune, une personne indépendante, énergique, autonome, à la volonté de fer.

Nos rêves nous révèlent une vérité fondamentale de la vie : les années sont biologiques ; l'esprit est éternel. Le nombre de nos années ne nous définit pas. Il y a dans l'être humain une force vitale qui ne meurt jamais. Cette force vitale nous démontre que la vieillesse ne nous fossilise pas. Au fin fond de nous-même, où est le siège de notre âme, nous restons éternellement jeune. Cette irrésistible force motrice nous maintient à la barre de la vie chaque jour que Dieu fait et toujours prêt à vivre à plein régime quel que soit notre âge, quel que soit le nombre des épreuves traversées. Elle n'est refroidie que par la lumière glaciale et claire de l'aube, la crainte en nous que les années nous aient ravi le droit d'être actif.

Nous sommes seul en faute si nous refusons de reconsidérer toutes les grandes idées de la vie – et notre point de vue personnel sur chacune d'elles.

La personne à l'intérieur de la personne – la personnalité et l'âme à l'intérieur du corps vieillissant – reste toujours alerte et à jamais dynamique. Même quand nous nous retrouvons moins actif physiquement que nous avons pu l'être autrefois, l'esprit se débat avec les idées de l'âme, le cœur ressasse encore et encore les moments de vie chargés d'émotion, chaque grand tournant de l'existence. Nous sommes éternellement en mouvement, d'une manière ou d'une autre, aussi longtemps que nous vivons.

Pour rester vivant, pleinement vivant, nous devons donc nous ouvrir à l'éternel rêve de la vie.

Nous devons rêver d'être une meilleure personne demain qu'aujourd'hui. Nous n'avons pas le droit de renoncer à grandir, simplement parce que plusieurs présument que la vieillesse en annule la possibilité. Pour cela, nous devons être disposé à reconsidérer toutes les idées auxquelles nous avons tenu jusqu'ici. Sont-elles toujours crédibles ? Y croyons-nous toujours ? Et, dans la négative, quelle conséquence cela a-t-il sur les propos que nous tenons à la plus jeune génération influencée par ces idées à cause de nous ?

L'un des problèmes auxquels nous faisons face dans le monde moderne est que nous sommes davantage fasciné par le technologique que par le spirituel. Nous nous rendons fort bien compte de toutes les merveilles scientifiques ou technologiques que le monde a pu engendrer. Mais nous sommes enclin à négliger totalement d'autres éléments de la vie pourtant même plus importants, plus profonds, plus lourds de conséquence pour la société humaine, et à première vue moins évidents. L'un d'eux est d'une portée particulière pour le vieillissement. L'un d'eux nous montre que les rêves qui déterminent l'ultime qualité de notre existence ne meurent jamais et qu'il n'est jamais trop tard pour les réaliser. Il s'agit de la capacité des êtres humains à changer d'avis, à recommencer, à repartir de zéro, à être quelqu'un d'autre.

Ancien secrétaire à la Défense sous les administrations John F. Kennedy et Lyndon B. Johnson, Robert McNamara disait publiquement à 81 ans ne plus pouvoir soutenir, après mûre réflexion, l'intervention américaine au Vietnam ni excuser son rôle dans cette affaire.

Qui plus est, après des années passées loin de la vie politique, McNamara écrivait un ouvrage et collaborait au tournage de *The Fog of War*, documentaire primé d'Errol Morris. Non seulement était-il inhabituel que le compte rendu lui-même soit livré si près de l'événement, l'était également le fait que l'homme à qui on le devait était l'un des principaux architectes de la stratégie militaire américaine au Vietnam. Président de Ford Motor avant de devenir secrétaire à la Défense, Robert McNamara avait réfléchi sur ce qu'il avait fait dans le passé, les raisons qui l'y avaient incité, ce qu'il en pensait à l'époque et maintenant, et il en venait à une conclusion surprenante : « Même si nous cherchions à bien faire – et croyions bien faire –, le recul du temps, écrit-il, nous démontre à mon sens que nous avions tort[22]. »

Cette analyse, mise en balance avec un rêve plus ardent de dignité humaine et un changement de perspective, s'est faite vingt-cinq années après la fin de la guerre en cause. En outre, d'autres dirigeants de l'époque, tous de haut rang et tous autant impliqués que cet homme dans la conduite de la guerre, ont refusé de participer à de semblables échanges soit avec des Vietnamiens de l'époque concernée soit même entre eux, aux États-Unis.

Le seul geste de reconsidérer ses valeurs personnelles, d'alors et de maintenant, fait pour nous tous office de balise. Cela nous rappelle qu'il est possible d'apprendre au fil de la vie. Il n'en est que plus important encore d'être ouvert à le faire et prêt à en rendre compte. La vie nous grandit. La vie nous façonne. La vie nous transforme. La vie nous engage, à mesure que nous vieillissons, à penser différemment, même à notre sujet.

Quel que soit notre âge physique, nous devons continuer à rêver de ce qui est souhaitable et apporter ainsi notre petite pierre pour que cela advienne. Nous désintéresser simplement de l'arène des idées, des débats publics sur les questions d'intérêt général, de l'éducation de la jeunesse aux valeurs – hausser les épaules et dire : « Je ne sais pas », ou pire : « Cela ne m'intéresse plus » –, c'est abandonner totalement la jeunesse à ses seules idées, sans le bénéfice de l'expérience pour la guider.

Nous devons nous permettre de rêver à ce que pourrait être réellement la vie si nous étions assez nombreux à exiger qu'il en soit ainsi. Mais cela suppose de soumettre à l'examen tous les postulats qui ont gouverné le monde jusqu'à ce jour. Tous sans exception.

Notre travail encore inachevé pour le monde occupe nos rêves. Nous espérons un guide pour notre obligation présente d'apporter au monde la sagesse. Une sagesse, cela va de soi, qui soit le fruit d'expériences de toute nature : de nos erreurs et de nos idéaux, de nos pertes et de nos idées, de la peine et des petites joies de notre vie passée et de notre situation présente.

L'un des fardeaux de ces années est qu'il nous arrive de penser que le temps des rêves est derrière nous. Nous nous embourbons alors dans le passé. Nous refusons de grandir. Nous définissons notre vie entière par nos erreurs passées.

L'un des bienfaits de ces années est la capacité de rêver et la liberté nécessaire pour faire entendre à notre monde — si petit, si restreint soit-il — la voix de la réflexion, de la raison, de l'émotion, de la conscience aiguisée par le fait d'avoir eu tort et de vouloir corriger le tir.

LIMITES

« LA VIEILLESSE N'EST PAS MALADIE, dit Maggie Kuhn. Elle est force et survie. »

Quand nous nions le fait que nous nous acheminons tous inexorablement vers notre propre vieillesse, nous passons à côté du don des ans. Nous passons à côté de la profonde intuition que nous ne sommes jamais trop jeune pour déjà nous voir tel que nous serons vieux, pour nous imaginer dès maintenant, en cet instant même, en train de façonner qui nous serons dans les années à venir – et la manière dont nous le deviendrons. Nous arriverons tous tôt ou tard à un point tournant où nous nous mettrons à nous voir entamant les dernières étapes de notre vie et nous demandant à nous-même sérieusement, calmement, quel genre de personne nous voulons être alors pour pouvoir commencer sans délai à être cette personne. Si la chance nous sourit, nous faisons la connaissance de personnes plus âgées qui, en étant simplement elles-mêmes, précipitent pour nous ce point tournant – ce que nous ne nous attendons pas qu'il nous arrive à quelque âge que ce soit, et certainement pas en fin de vie. Même à nous.

Si quelqu'un en fait la démonstration, c'est bien Maggie Kuhn. Elle n'avait pas le type du conférencier principal qu'on invite aux grands symposiums de soins de santé sur la scène nationale. Petite, frêle comme un oiseau, elle était à peine d'assez grande taille pour dépasser de la tête le lutrin de conférencier devant elle. Et elle était une femme.

Il était évidemment beaucoup question des femmes dans les années 1980, mais on en voyait peu dans l'arène publique. Maggie Kuhn ne semblait guère prédestinée à être l'instigatrice d'une toute nouvelle vie publique pour les femmes plus âgées. Or, à la fin de chacun de ses exposés, la salle – les hommes aussi bien que les femmes – se levait pourtant d'un bond, l'acclamait, l'applaudissait, scandait son nom.

Née en 1905, Maggie Kuhn a été la fondatrice des Gray Panthers. Retraitée à 65 ans d'un pensionnat pour jeunes filles de l'Église presbytérienne, elle fondait ce qui allait devenir en quinze petites années l'un des groupes de personnes à la retraite les plus influents que le monde ait connu jusqu'alors. Elle a voué ce groupe à la réforme des maisons de retraite, à l'élimination de l'âgisme et à l'éradication du concept sociétal de « désengagement » – notion selon laquelle les personnes plus âgées devraient être dédaigneuses, insouciantes et désengagées de l'arène publique. Bien au contraire.

Grâce aux Gray Panthers, un projet de loi améliorant le sort des Américains plus âgés, leur promettant un soutien économique et renversant les barrières de l'âgisme, se retrouvait rapidement à l'étude au Congrès et, pardessus tout, captait l'attention du public.

Avec Maggie Kuhn, une toute nouvelle population dénonçant l'âgisme commençait à se faire entendre.

Les personnes âgées étaient vivantes, bien portantes et actives.

Nous en sommes les héritiers.

Est-il bien réaliste de penser que les aînés parmi les aînés – les octogénaires – puissent exercer quelque influence réelle sur les affaires publiques ? Comme peut-on espérer que des individus, presque par définition limités d'une façon ou d'une autre, soient les artisans d'une nouvelle société pour eux-mêmes, sans parler des autres ? Ils portent des prothèses auditives. On les opère de la cataracte. Ils ne conduisent plus guère. Ou peut-être que oui. Cependant ils s'attellent avec une énergie et une volonté accrues à ce qu'ils sont en mesure de faire.

Ils en savent suffisamment sur les ordinateurs pour communiquer entre eux. Ils en savent suffisamment sur les affaires, compte tenu de ce que tant d'entre eux en ont géré une, pour s'organiser. Ils en savent suffisamment sur le gouvernement, puisque tant d'entre eux y ont été associés à un niveau ou à un autre, pour mettre en commun toute cette expérience, toute cette passion, toute cette volonté d'agir afin d'infléchir les politiques – quelles que soient les limites de chacun sur une base individuelle. « Les personnes âgées, dit Kuhn, sont aux États-Unis la plus importante source d'énergie humaine sous-évaluée et inexploitée. »

Il y a pourtant plus encore : ces personnes enseignent au reste de la population, à ses divers groupes d'âge, quelque chose sur le pouvoir des limites. Non, elles ne sont plus aussi jeunes qu'elles l'ont déjà été et elles ne marchent plus aussi vite – si elles marchent encore. Elles n'organisent peut-être pas de grands rassemblements politiques ou des collectes de fonds pour des causes sociales. Mais ce qu'elles font pour nous, personne d'autre ne peut le faire. Elles nous forcent à repenser radicalement la fonction et le sens du mot « limite ».

Les limites – ces frontières physiques que les vieux atteignent avant le reste de la population – ne sont que ça, comme nous le montrent les personnes âgées. Ce sont des frontières, pas des barrières. Elles nous limitent – oui, elles consomment énergie et temps – mais elles ne nous arrêtent pas, à moins que nous ne décidions de nous arrêter. En fait, les limites dans un domaine nous poussent simplement à progresser dans un autre. Si nos jambes défaillent, nous installer dans un fauteuil roulant et nous en extraire ne fera alors que nous renforcer les bras. Si votre perdez l'ouïe, vous écrirez davantage de lettres. Les limites, quel que soit l'âge auquel elles se manifestent, font appel en nous à quelque chose que nous n'avions jamais envisagé jusque-là.

Elles nous sensibilisent aussi aux besoins des autres. Les limites nous enseignent à être réceptif à leurs besoins. Une fois que notre vue n'est plus aussi bonne qu'autrefois, nous réclamons des supports visuels pour tous. Et nous ferons tout en notre pouvoir pour les obtenir.

Le fait d'être limité nous donne la chance d'apprendre l'humilité et la patience. Nous ne sommes plus dès lors aussi arrogant que nous avions coutume de l'être. Mais nous sommes plus tenace que jamais. Parce que nous savons combien il est difficile de nous extraire d'un fauteuil, de traverser une pièce et de nous préparer seul à souper, nous avons appris à cesser d'espérer des résultats instantanés. Nous savons attendre. Nous savons réessayer. De même, nous avons appris à exécuter différemment les petits efforts physiques quotidiens. Nous pouvons maintenant nous entêter à trouver un autre moyen de joindre au téléphone un membre du Congrès, de lancer une pétition, d'obtenir la publication d'une lettre adressée à l'éditeur d'un journal.

Enfin, les limites invitent les autres à s'engager eux aussi. Nous bâtissons une communauté fondée sur les besoins des autres et les talents dont nous pouvons les faire profiter pendant qu'ils nous enrichissent en retour.

Nous devenons les prophètes des pauvres et des inconnus, des limités et des mal aimés, des nécessiteux et des oubliés. Nous tissons des liens avec les autres membres de la race humaine, tous aussi limités que nous, qu'ils le sachent déjà ou l'ignorent encore.

Les limites sont le lot commun de la race humaine. En nous aidant nous-même, nous aidons aussi les autres. En aidant les autres, nous élargissons notre capacité d'action.

La vérité, c'est que nous ne sommes pas plus limité que nous acceptons de l'être. Quand nous nous définissons seulement par nos limites, nous refusons de voir à quelles plus grandes œuvres ces limites nous convient. Maggie Kuhn s'est imposée comme une héroïne moderne par la façon dont elle a transcendé l'âge et les barrières physiques pour être la personne forte, réfléchie, visionnaire dont le monde avait sérieusement besoin.

Elle était l'incarnation de la vision. Elle était le modèle de l'expérience en action. Elle était courageuse, futée, persévérante. Elle était la grand-mère préférée de tous, l'idole de tous, l'alter ego de tous. Elle était ce que nous voulions tous voir prendre vie en nous au fil des ans.

L'âge et les limites ne justifient pas d'être une ombre dans un monde qui a besoin d'icônes de vérité et de courage, de vision et de possible, comme jamais par le passé. Maggie Kuhn était ce que le monde attendait des personnes âgées : la sagesse, la vérité, et le signe d'un futur meilleur pour nous tous.

~

L'un des fardeaux de ces années est la possibilité que nous cédions à nos limites comme si elles étaient la vraie définition de la vieillesse plutôt qu'une facette de la vie de chacun.

L'un des bienfaits de ces années est que nous savons enfin ce qui importe réellement et que le monde espère entendre, à condition que nous nous y efforcions et ne cédions pas à nos limites.

~

le pouvoir des limites
= frontières ≠ barrières
→ facteur de progrès
de sensibilisation aux besoins des autres
d'apprent. de la patience
de l'humilité
de l'attente
→ facteur d'eng. p les autres (communauté)

Ne pas se définir par ses limites
mais par leur pouvoir

SOLITUDE

« C'EST PRESQUE UN PÉCHÉ — et certainement un danger — d'être trop occupé de soi pour une jeune personne, enseignait Carl Jung. Pour la personne vieillissante, c'est un devoir et une nécessité de se pencher sérieusement sur soi-même. Après avoir prodigué sa lumière au monde, le soleil rappelle ses rayons pour s'éclairer lui-même. »

Grand psychologue de la vie intérieure, Carl Jung a éveillé la conscience humaine à la notion que la vie procède par étapes : certaines sont davantage tournées vers le monde extérieur et d'autres se portent presque exclusivement vers l'intériorité, la réflexion, la quête de sens. L'étape finale de la vie consiste, semble-t-il, à donner sens à tout ce qui a précédé.

Cela requiert de notre part la capacité de nous poser des questions sur ce qui nous est arrivé dans notre vie jusqu'à ce jour. Et pour quelles raisons. Mais comment aussi nous avons répondu à ce qui nous est arrivé. Enfin, et peut-être surtout, ce que cela signifie pour nous maintenant. Manifestement, cela requiert également le courage d'affronter les réponses à de telles questions.

Mais cette démarche ne se fait pas dans le brouhaha. Elle ne peut se faire que dans le secret de l'âme et avec une brutale honnêteté. Voici venu le moment de cesser de nous justifier. Le moment d'éliminer les scories de la vie, d'en célébrer les victoires sur le moi – et jusqu'aux victoires inconnues de ceux qui pensent nous connaître le mieux. Celles-là mêmes qui ont à coup sûr fait de nous des personnes nouvelles et meilleures.

De fait, on ne peut mener à bien réflexion et méditation pareilles que si on s'y adonne dans le calme et la solitude. Quand nous nous retrouvons seul, toutes les personnes que nous avons connues et qui sont encore bien vivantes en nous se ramènent pour nous aider à voir quel a été notre parcours et à comprendre ce que nous sommes devenu, pour nous aider aussi à établir un plan de manière à ce que nos dernières années soient les meilleures.

« Ils sont tous partis maintenant, disait la femme. Mon mari est maintenant mort depuis bientôt dix ans, et mon fils et sa famille sont en Californie. » N'y avait-il donc plus personne auprès d'elle ? « Non, il n'y a plus personne ici, disait-elle. Ma sœur et sa fille viennent parfois me rendre visite. Et je vais aussi chez elles – une ou deux fois par année. Mais le voyage est bien trop long pour y aller souvent. » On pourrait sans doute facilement interpréter ces propos comme la malheureuse description d'une situation unique, si elle n'était pas si courante. De nos jours, il n'est pas rare qu'une personne âgée vive seule. Presque toutes sont dans ce cas. Partout.

La vie en solitaire est le nouveau monastère des personnes âgées.

Dans l'existence, la vie en solitaire est parfois un choix délibéré. Après tout, de plus en plus de célibataires de tous âges vivent seuls maintenant. Ils apprécient la liberté de ne dépendre de personne. Ils veulent vivre l'expérience d'être responsable d'un espace qu'ils peuvent dire complètement leur. Ils occupent successivement des emplois qui font bon effet dans leur curriculum vitæ et vivent donc seuls jusqu'à ce que cette situation leur assure d'autres emplois, en d'autres lieux. Ou ils sont dans une phase intermédiaire, par exemple en transition entre la foyer parental et leur installation en vue de fonder leur famille. Pour eux la solitude n'est pas un mode de vie.

Dans la vieillesse, il est plus que probable toutefois que la vie en solitaire ne soit pas du tout le résultat d'un choix. Elle nous est simplement imposée. Elle n'évoque alors aucune vision idyllique de cabane en rondins au fond des bois, de loft urbain, de copropriété sur quelque plage. Elle n'est que maison vide ou petit appartement dans les nouvelles résidences pour aînés qui se sont si vite répandues, vu la popularité de la famille nucléaire. Rares sont les membres de la plupart des familles à vivre dans le même voisinage ou ville où ils ont grandi.

Le problème avec la solitude, c'est que nous la confondons souvent avec la vie en solitaire ou l'isolement. L'isolement présuppose que nous sommes coupé du reste du monde par des circonstances indépendantes de notre volonté : les gens ne répondent peut-être pas à nos efforts, si persévérants soient-ils, pour établir une relation avec eux. Peut-être vivons-nous un peu en retrait : sur une ferme dans la prairie, par exemple. Ou nous sommes trop malade, trop handicapé, trop timide, trop enragé, physiquement trop loin des gens pour avoir la moindre vie sociale.

En d'autres mots, l'isolement est soit la séparation soit l'éloignement du monde environnant. La solitude est chose fort différente.

La solitude, on la choisit. Elle est la décision d'être seul pour être avec soi-même. Nous recherchons la solitude pour le bien de l'âme. Malgré la facilité de rapports avec d'autres personnes, nous prenons le temps de nous retirer, d'écarter le reste du monde, de nous concentrer sur ce qui est en nous plutôt que de nous débattre avec tout ce qui se passe autour de nous.

La solitude nous ouvre aux merveilles d'un monde sans bruit, d'un monde sans frénésie, d'un monde soulagé de la folle vie mondaine. Au moins pour un certain temps. Au moins assez longtemps pour nous plonger dans le baume d'être simplement.

Quand font silence le fracas, les excès, les tensions, les tracas du monde extérieur, nous sommes dès lors seul avec nous-même. Alors le silence au-dehors nous permet d'entrer en nous.

Dans la solitude, nous attendons que tout devienne calme pour découvrir ce à quoi nous pensons réellement, ce que nous nous disons réellement à nous-même sous toutes les couches de messages de nos semblables qui menacent d'étouffer les mots de notre cœur.

La solitude nous débarrasse de tous les rebuts qui se sont accumulés en nous au fil des ans et nous laisse rejoindre le lieu calme et secret qui fait du vieillissement un temps de la vie si serein.

C'est au tréfonds de l'âme que l'inexprimé court souterrainement en nous. Là se trouvent les idées que nous nous sommes refusé d'entretenir il y a longtemps, mais sans jamais pouvoir nous en empêcher. Là se trouvent aussi les idées que nous n'avons jamais su avoir. Maintenant, dans la solitude, nous avons la possibilité de les exhumer, de les retourner dans notre tête, de les examiner, de les avouer – ou de les désavouer. Une fois pour toutes. Elles sont des parties de nous qui implorent une forme d'arrangement – non pas avec quelqu'un d'autre, mais à l'intérieur même de nous. La colère rentrée en vaut-elle la peine ? À long terme, la perte a-t-elle été réellement une perte ? Si nous n'avons pas fait ce que nous désirions faire, en quel sens avons-nous plutôt grandi ? C'est dans la solitude que nous faisons la paix avec nous-même et avec la vie qui est maintenant derrière nous.

Nous rétablissons le contact avec notre passé d'une manière inédite. Nous en sommes maintenant émancipé ; il ne peut plus maintenant nous blesser, ne peut plus maintenant nous humilier. Quoi que nous ayons fait, où que nous ayons été dans la vie, nous sommes ce que nous sommes à cause de cela. Plus fort à cause de cela, peut-être.

C'est ici, à la source du moi, que notre moi inachevé, notre vrai moi se terre en attente d'un peu d'attention. Il n'y a rien que nous puissions changer à ce qui a été – sinon la manière dont nous le voyons. Il y a peu que nous puissions changer à ce qui est – sinon la manière dont nous le voyons. S'il reste encore quelque chose en nous avec quoi nous battre, c'est l'heure où jamais de le faire.

La solitude n'est pas un moyen de fuir la vie, le processus de vieillissement, ses sentiments. Au contraire. Elle est l'occasion d'y mettre de l'ordre, de les exprimer, de les digérer et de poursuivre sa route, délesté du poids d'hier.

Dans les dernières années, il y a une vie à vivre qui ne devrait pas finir contaminée par ce qui a précédé. Nous avons maintenant l'obligation de bien vivre avec les personnes autour de nous qui rendent possible cette vie nouvelle. Nous leur devons le meilleur que nous ayons. Et le meilleur en nous est ce que n'a pas corrompu le passé.

La solitude nous force à évaluer notre présent et à réexaminer notre passé. Vivons-nous maintenant le plus heureusement possible, compte tenu des circonstances ? Cette responsabilité nous incombera jusqu'à la fin. La solitude est ce qui nous permet d'éclairer pour nous-même tout ce qui en nous rend cela impossible.

~

L'un des fardeaux de ces années est de ne pas arriver à comprendre que la solitude est un don qui vient naturellement à qui s'accorde temps et espace pour explorer son cœur.

L'un des bienfaits de ces années est que la solitude, ce don de la réflexion qui fait du présent un espace où l'on se plaît à être, leur est un état naturel.

~

PRODUCTIVITÉ

« La réponse à la vieillesse, écrit Leon Edel, est de garder l'esprit occupé et de poursuivre sa vie comme si elle n'allait pas se terminer. J'ai toujours admiré Tchékhov d'avoir entrepris la construction d'une nouvelle maison alors qu'il se mourait de tuberculose. »

Nous entêter à vivre jusqu'à la mort pourrait bien être l'une des plus grandes vertus de la vie. Il est facile à n'importe quel âge de simplement s'arrêter, de se satisfaire de ce qu'on est, de refuser d'être davantage. Mais lorsque nous continuons à travailler – à quelque projet, pour quelque motif, pour quelque personne, pour quelque cause qui nous dépasse – lorsque nous continuons à nous dépenser jusqu'à la toute fin, nous avons vécu une vie remplie. En fait, ainsi même se définit la vie en plénitude. Pour certaines gens, cela veut dire arroser les fleurs chaque jour de leur vie. Pour d'autres, cela veut dire continuer à écrire, à pratiquer le piano, à s'employer à faire du monde – pour y avoir été présent – un meilleur endroit avant de le quitter.

Cela *ne* veut certainement *pas* dire que nous nous accommoderons, nous réjouirons même de nous laisser dépérir, de nous laisser nous assécher et nous fragiliser de l'intérieur, de cesser de penser quand c'est précisément de pensée que le monde a le plus besoin. C'est plutôt l'art subtil de continuer, de faire en sorte que la vie me donne le goût de me lever chaque jour. C'est un signe, adressé au monde autour de nous, que tout un chacun a été placé ici pour rendre ce monde différent de ce qu'il était avant son arrivée.

La retraite n'a rien à voir avec le fait que nous travaillions ou non. Elle a seulement à voir avec le type de travail que nous accomplissons et la raison pour laquelle nous nous y employons.

La différence entre le genre de travail auquel je m'occupe dans mes jeunes années et celui auquel je m'applique dans les dernières années saute aux yeux. L'objet de la retraite n'est pas de nous libérer du travail ; c'est de nous libérer d'y être condamné comme les bandits de grand chemin le sont à leur vie d'errance. Il n'est pas censé être un châtiment pour avoir péché, une condamnation « à gagner notre vie à la sueur de notre front » comme le laissaient entendre les vieux manuels de spiritualité, semble-t-il ignorants de ce que les humains, longtemps avant que le péché n'entre dans le monde, ont reçu instruction de « cultiver la terre et de la garder ». Le travail est plutôt censé être un instrument de réalisation de notre être et la raison d'être de notre vie.

Le travail est donc une dimension nécessaire de la vie spirituelle. Sans lui, il est impossible de « cultiver et garder » la planète, d'entretenir notre coin de paradis. Nous ne sommes pas ici simplement pour vivre des fruits de la terre. Nous sommes également ici pour les replanter, pour les cultiver et pour les entretenir.

Le travail dont nous nous acquittons et la manière dont nous l'exécutons sont notre legs aux générations à venir.

Ainsi le travail n'est-il pas esclavage. Le travail est créativité. Il est une expression de nous-même que nul autre ne peut reproduire. Il est totalement unique, complètement nôtre. Il n'y a pas deux personnes qui balaient un plancher de la même manière. Il n'y a pas deux personnes qui plantent les fleurs de la même manière. Notre travail est aussi distinct que nos empreintes digitales, sa configuration aussi originale que celle de notre ADN. Il est le sceau que nous apposons sur le monde, l'empreinte que nous laissons.

En ce cas, la retraite ne nous dégage pas de la responsabilité d'entretenir le monde. Qui plus est, le travail auquel nous nous appliquons après avoir pris notre retraite n'est pas un travail sans valeur, sans utilité, du simple fait qu'il n'est pas rétribué. Au contraire.

En fait, ce pourrait être la première occasion de notre vie où nous sommes réellement libre de choisir un travail qui réveille le meilleur en nous-même et réveille le meilleur dans le monde autour de nous. Nous devenons co-créateur du monde.

La seule question est alors de déterminer à quel travail nous nous emploierons. La réponse à cette question ? À tout travail qui s'impose là où nous nous trouvons ! Il n'existe guère d'école au pays où l'on ne serait pas heureux d'accueillir des tuteurs bénévoles. Chaque société à but non lucratif a besoin de toute personne prête à faire fonctionner l'organisation sans demander d'être rémunérée. Quel quartier urbain ne profiterait pas de fleurs, de coups de balai dans ses rues, d'une patrouille veillant à la propreté ?

Ces années-là servent au développement de l'âme. Ces années-là, nous apprenons à peindre, revenons à la pratique d'un instrument de musique, devenons entraîneur sportif de préadolescents ou visitons des maisons de repos pour que leurs pensionnaires, dont plusieurs sont seuls au monde, aient quelqu'un à qui parler de choses importantes.

L'un des fardeaux de ces années est que nous commençons à nous croire inutile simplement parce que nous ne sommes plus soumis à un emploi du temps professionnel.

L'un des bienfaits de ces années est qu'elles nous permettent de changer notre coin du monde de manières qui sont révélatrices de notre être et profitables aux autres.

Retraite → libéré d'être condamné au travail mais pas de celui de cultiver la terre + la garder, de l'entretenir en choisissant ce qu'on peut faire + s'y épanouissant

SOUVENIRS

« CE QUI REND DIFFICILE de supporter la vieillesse, écrit W. Somerset Maugham, n'est pas la défaillance des capacités mentales et physiques, mais le joug des souvenirs. »

Le défi consiste effectivement à refuser que nos souvenirs deviennent un joug. L'objectif est au contraire de leur donner une signification qui les rende précieux plutôt que pénibles. Nous négligeons souvent le fait que, si le souvenir est une faculté mentale, il est aussi un choix. Il nous revient effectivement de décider lequel de nos souvenirs d'une époque particulière, d'une personne, d'un lieu ou d'un moment peut façonner notre vie dans l'instant présent.

Le souvenir est l'une des facultés les plus puissantes de l'esprit humain. L'une aussi des plus déterminantes de l'existence. Ce qui se passe dans le souvenir a beaucoup à voir avec ce qui se passe en nous toute notre vie durant. Le souvenir est un cheval sauvage, sans bride, sans cavalier, sans maître. Il nous conduit souvent là où nous n'irions pas ou nous ramène encore et toujours là où nous ne pouvons pas rester, si fort le souhaiterions-nous. Aussi nous laisse-t-il toujours en un état ou l'autre, en un lieu ou l'autre, nous laisse-t-il languide ou désorienté et, d'une façon comme de l'autre, nous laisse-t-il en un monde intérieur inachevé.

L'inachèvement est le prix que nous payons pour vieillir encore davantage.

Se remémorant la voix de ses aînés et, charmée par cette voix du passé ou ennuyée par elle, la jeunesse ignore trop souvent le contenu sous le contenant. Le souvenir n'a pas à voir avec ce qui est advenu dans le passé. Il a à voir avec ce qui se passe en nous à l'instant. Il ne chôme jamais. Il ne nous laisse jamais tranquille. Il est fait de la matière même de la vie en voie de devenir le grain de l'âme.

Le souvenir recèle une énergie trompeuse. Parce qu'un événement est passé, on présume qu'il n'a pas de sens immédiat pour nous. Or, rien ne saurait être plus loin de la vérité.

Ce qui est toujours dans le souvenir est précisément ce qui a pour nous le plus de signification. C'est un indicateur de ce qu'il y a d'inachevé dans la vie. Cela signale sûrement ce qui a toujours un poids émotif pour nous. Cela se refuse à ce que nous fermions les yeux sur ce qui reste encore à reconnaître si nous voulons être un jour pleinement honnête avec nous-même. Par-dessus tout, le souvenir et la manière dont nous le traitons sont tout ce que nous ayons pour devenir un authentique pédagogue. Le souvenir nous redit ce que nous faisions et que nous souffrons maintenant de ne pas faire, nous rappelle ce que nous avons négligé de faire et souhaiterions maintenant avoir fait. Tout cela vit à jamais dans le souvenir.

« J'étais jeune et mon père était strict, dit la femme svelte, élégante et d'allure très réservée. Il m'interdisait d'aller danser. » Elle s'interrompt, détourne le regard. « Alors je suis partie. Je suis montée dans un train et j'ai filé en Californie. Je ne suis plus jamais revenue à la maison. » Elle s'interrompt encore. « Jusqu'à sa mort. » Puis les larmes commencent à se former. La présence du vieil homme dans la pièce se fait si fort sentir qu'elle en est palpable. La femme est septuagénaire et sa blessure encore fraîche.

Le souvenir n'est pas unidimensionnel. Il est appel à résoudre en nous ce qui ne disparaîtra pas par enchantement. Il est invitation à nous repaître de ce qui n'est plus, mais également l'étalon or de notre vie. Il est désir d'achèvement, de perpétuation de ce que nous avons un jour possédé, mais trop tôt perdu. Il est toujours une occasion de guérison. Il préserve pour nous ce qui doit être affronté et plaqué au tapis de l'âme avant que l'âme puisse être libre de voler. Sans le souvenir, nous pourrions aller étourdiment dans le monde sans jamais réellement connaître ce qui de cette vie est encore inachevé, ce qui gronde encore en nous et espère notre attention.

Le souvenir est la faculté de l'esprit humain qui nous remue dans notre fondement même. Il nous ramène là d'où nous venons et nous rappelle ce qui nous en a éloigné. Il est exhortation à parachever ce qui a été entamé voilà des années, mais reste à résoudre en nous. Il nous dit ce qui nous manque, ce que nous regrettons, ce avec quoi il nous reste à faire la paix pour que notre vie puisse être un jour réellement intelligible.

La merveille d'être capable de voir la vie comme un tout, à tout instant et en tout temps, est le superbe don du souvenir. Par lui toute la vie est une œuvre en constante évolution. Avec une partie de notre âme dans le passé et une autre dans le présent, nous sommes en mesure de continuer à nous tailler une vie riche d'unité et d'intégrité. Grâce au souvenir, la vie ne se résume pas simplement à un geste puis un autre sans lien. Il fait corps avec l'image du moi et les objectifs du cœur. Il les rend réels. Il en fait un tout.

Le souvenir nous garde en contact avec ceux qui nous ont précédé. Il nous retrempe parfois dans des moments passés qui nous manquent — et cela nous rend triste. D'autres fois, il nous laisse errer dans des moments de notre vie où nous avons fait piètre figure et qui nous inspirent encore du chagrin.

Mais le souvenir n'est pas censé nous cantonner dans le passé. Il est censé nous rendre capable de mieux réussir maintenant ce que nous n'avions pas aussi bien réussi jusque-là. C'est le plus grand pédagogue qui soit. Il faut arriver à faire confiance à nos souvenirs pour nous guider hors du passé, dans un futur meilleur.

Rien dans le souvenir conscient n'est insignifiant. Prendre le temps d'écouter une personne vagabonder dans les fragments historiés de sa vie, c'est en venir à connaître ce qui la préoccupe, ce qui la réjouit, ce que l'amour a fait d'elle, ce que le rejet a refroidi en elle et ce qui lui reste pour s'occuper du présent, à condition que le poids des échecs passés et le deuil des amours mortes puissent un jour composer un tout salutaire dans l'ici et maintenant.

Le souvenir permet à ceux que nous avons chéris dans la vie de continuer à vivre en nous, non pour nous ligoter aux jours d'autrefois, mais pour nous rappeler que la vie a déjà été bonne et peut l'être tout autant maintenant.

Et surtout, peut-être, le souvenir nous met en présence d'émotions — des sentiments, des craintes, des combats — qui nous habitent encore comme des questions non liquidées, des peines non consolées, des joies imparfaites dont nous apprenons ce qu'il nous reste encore à faire et qui prennent le tour d'un programme pour demain, nous montrent à partir de notre propre expérience comment vivre, comment aimer, comment oublier, comment nous remettre en route.

Les souvenirs ne sont pas les fers du vieillissement. Au contraire. Ils sont l'heureuse évocation de possibilités toujours inexplorées ou la remémoration, maintenant signifiante, d'entreprises non encore achevées. Ils sont la ligne des hautes eaux de notre développement, l'invitation à revendiquer les joies du passé et l'appel à chercher encore ces mêmes choses, sous une forme différente peut-être, mais comme une promesse – ici et maintenant – des mêmes sortes de joie.

~

L'un des fardeaux de ces années est de nous lier par le souvenir à des gens, des époques et des lieux disparus depuis longtemps.

L'un des bienfaits de ces années est de nous rendre compte que nos souvenirs de moments tristes et heureux, enthousiasmants et rassurants, de nos succès et de nos échecs dans la vie, sont censés guider nos derniers pas dans la confiance – la confiance que, nous étant accommodé des exigences du passé, nous pouvons sans danger nous engager dans le futur.

~

FUTUR

« LA VIEILLESSE, de l'avis de Louis Kronenberger, est le moment idéal pour scandaliser. Je me suis fixé comme objectif, poursuit-il, de dire ou de faire quelque chose de scandaleux au moins une fois chaque semaine. »

Le « futur » après 70 ans n'est pas une barrière sociale, un lieu géographique, une présomption psychologique. C'est un état d'esprit. En fait, l'un de deux états d'esprit que nous avons tous entendus si souvent s'exprimer que nous avons depuis longtemps cessé d'y prêter attention.

Le premier état d'esprit dit : « Nous vieillissons tous. Il ne t'est plus permis de faire ce genre de choses. » L'autre dit : « J'ai toujours voulu voir les pyramides de Gizeh ; alors, cette année, je vais les voir. J'ai toujours voulu prendre des cours de mandoline ; alors, maintenant, je m'y mets. »

Le futur est une composante très suave du fait de vieillir dont on se saisit avec ferveur. Le futur devient chaque jour plus intense, plus vif, plus essentiel. À ceux qui se sont finalement avisés de la présence du temps dans leur vie, le futur n'est plus « quelque part ailleurs ». Le futur est ici, il nous serre de près, il se montre de plus en plus exigeant à mesure que nous cheminons.

La plupart des gens vivent comme s'ils pouvaient remettre à demain tout ce qu'ils ne font pas aujourd'hui. Pour eux, il n'y a pas urgence à vivre, mais simple progression longue et lente vers l'acmé de la vie. Ce n'est cependant pas le cas de tous.

Ceux qui sont entrés dans leur sixième décennie en lion, pleins de vie, dans une relative sécurité financière, avec des idées à revendre et somme toute débordants de confiance, se heurtent de plein fouet à la réalité de leur mortalité comme jamais auparavant. Ils découvrent dans un sursaut qu'il y a une fin au temps. Leur temps. Les questions fusent alors avec une brûlante intensité : À quoi peut servir le temps à cette étape-ci de ma vie où, semble-t-il, être capable de s'intéresser à quoi que ce soit n'a plus le moindre utilité ? Pourquoi ce hiatus, cette solution de continuité entre ce que je fais et ce que je suis ? Tout ce qui vaut la peine d'être fait semble avoir été mené à terme. Le boulot est du passé, les enfants sont partis, la vie est devenue fragile, aigre, terne. Que faisons-nous du temps maintenant ? Nous contentons-nous de le laisser passer ou de l'occuper ? Et si nous sommes censé l'occuper, l'occuper à quoi et à quelle fin ?

La seule pensée qu'il n'y a plus de boulot à exécuter, d'échéancier à respecter, d'exigences publiques à satisfaire, de montagnes à escalader, va à l'encontre de tout ce que ces gens-là estimaient nécessaire pour être vivants.

Le fait d'être refoulé à l'étage supérieur de la vie et de se retrouver dans une zone grise, indécise, informe, indéfinie, les glace jusqu'à l'âme. Ceux-là maintenant sans cesse se redisent et redisent au reste de leur monde que « nous vieillissons tous ».

Mais il existe un autre état d'esprit, celui de s'évertuer à rester vivant maintenant. Un sentiment d'urgence accompagne la prise de conscience du temps, la pensée qu'il y a tellement plus à vivre que ce que j'ai connu jusqu'à maintenant. Il y a tellement d'air que je ne me suis simplement pas encore permis de respirer. Il reste à vivre ce supplément de vie qui m'a été refusé jusqu'à maintenant, dont je n'ai tenu aucun compte jusqu'à maintenant, dont j'ai été inconscient jusqu'à maintenant. La vieillesse, comme toutes les autres étapes de la vie, est un temps d'apprentissage. Et c'est peut-être en fait à cette étape-ci que nous apprenons le mieux en quoi consiste vraiment la vie.

La vieillesse est le moment de lâcher la bride à l'esprit de scandale, cet esprit scandaleux né d'avoir parcouru le marché de la vie, choisissant parmi ses fruits, recherchant ses plaisirs, goûtant et écartant au fur et à mesure. Nous savons enfin maintenant ce qui manque, savons ce qui est bon, savons ce qui est nécessaire. Nous avons maintenant transcendé le narcissisme de la jeunesse, transcendé les rivalités pour la survie du jeune âge adulte, transcendé le train-train de l'âge mûr et nous sommes prêt à regarder par-delà notre petite personne, droit au cœur de la vie. Nous pouvons maintenant laisser planer notre esprit. Nous pouvons accomplir ce qu'exige notre âme de la part d'êtres pleinement humains. Voici venu le moment pour lequel nous sommes né.

Rien ne saurait nous arrêter maintenant. Où que l'on ait besoin de nous, nous pouvons aller maintenant. Quoi que nous aimerions faire, nous le pouvons. Quoi qu'il faille dire, nous le pouvons.

Immigrante venue d'Irlande aux États-Unis au XIXe siècle, Maman Jones a travaillé dans les usines textiles de New York pendant des années, s'est tenue debout dans la soixantaine, a fondé les Knights of Labor et organisé des grèves et des rassemblements pour le bien-être de la classe ouvrière jusqu'à la fin de sa vie. « Cette femme-là, aurait hurlé un membre du Congrès hors de lui, est la femme la plus dangereuse en Amérique. »

La vieillesse est le temps d'être imprudent. D'être imprudemment fou de plaisir, imprudemment honnête. Imprudemment engagé. Imprudemment vivant. C'est le moment d'aller à Gizeh et à Washington, à des soirées et des rassemblements politiques, à des cours de musique, chez des proches qui nous espèrent et des étrangers qui ont besoin de nous.

Ce n'est pas le moment de nous rappeler que « nous vieillissons tous » – comme si vieillir était la fatalité des damnés. C'est le moment de faire tout ce qu'il nous est possible de faire avec toute la vitalité que nous pouvons y mettre. C'est le moment de vivre avec fougue, avec intensité, avec exubérance. Il n'y a aucune raison d'économiser son énergie. Il est simplement l'heure maintenant de bien dépenser le temps.

Y a-t-il un futur pour moi lorsque je vieillis ? Bien sûr que oui. À ce stade de la vie, le futur c'est demain.

Demain est sacré. Demain est le merveilleux rappel du don de la vie. Demain est ma seule ressource. Demain est tout ce que j'ai encore à offrir. Et demain n'est pas futile, quelle que soit ma situation, même si je l'utilise bien différemment d'il y a vingt-cinq ans. Demain est tout ce dont je dispose maintenant pour être le plus pleinement moi-même.

Surtout, demain est fait pour vivre et pas simplement pour musarder en attendant la mort. Demain ne me sera pas donné simplement pour me permettre de devenir plus vieux d'un jour, d'une once moins vivant. Quoi que je fasse demain, cela signalera à tout le monde autour de moi que la vie doit soit se vivre jusqu'au bout soit se perdre avant le temps en poussière, en années arides et inutiles – mais cela, c'est abandonner ceux qui se tournent vers moi en quête de sagesse, d'un but, d'une lueur de sens pour leur vie à eux.

Les personnes âgées sont les signes tangibles de ce en quoi a consisté la vie et de ce qu'elle est encore censée être. Abandonner cette responsabilité sent l'immoralité. « Sauver une vie, disent les rabbins, c'est sauver le monde entier. » Sauver une vie, quand nous vieillissons, c'est bien vivre notre vie à nous.

~

L'un des fardeaux de ces années est de présumer que le futur est déjà révolu.

L'un des bienfaits de ces années est de donner un tout nouveau sens à la réalité d'être vivant, d'être soi-même, d'être plein de vie. De sa vie à soi.

~

INTEMPORALITÉ

« Le processus de vieillissement, écrit Doug Larson, vous tient fermement sous sa coupe si vous n'éprouvez jamais l'envie de lancer des balles de neige. »

Seuls les enfants comprennent l'envie impulsive, impétueuse, irrésistible de lancer des balles de neige. Seuls les adultes vraiment avisés savent qu'il est peu probable, à moins d'en lancer nous-même, que nous réussissions à échapper un jour aux entraves qui nous freinent, nous ralentissent à tout âge. Mais cela ne s'apprend que des jeunes. Et les jeunes ne peuvent apprendre que de nous quand il faut ne pas le faire.

Renouer avec la jeunesse est ce qui nous garde en lien avec le monde. Et il existe davantage de moyens d'y réussir que nous ne pouvons l'imaginer.

C'est un singulier spectacle : un ancien magasin de pneus qui, dans une sorte d'immuable splendeur institutionnelle, trône au cœur d'une rue bordée de vétustes constructions de bois éventrées où s'entassent, en logement ou en « pension », trois ou quatre familles à la fois. Il occupe l'angle du pâté de maisons, avec ses serres étincelantes derrière et devant. Des silhouettes d'enfants grandeur nature et de couleurs très vives sur les murs latéraux encadrent le bâtiment. Ici un enfant joue du piano ; tout près, un autre en tutu fait une pirouette avec, à l'arrière-plan, une palette de peintre et, dans le lointain, un enfant sur une scène. Vivant théâtre avec un grand T. Aucun enfant dans le monde ne comprendrait pas ces symboles et ne serait pas attiré par eux.

Si riche et fascinant qu'il soit, cet ancien atelier de réparation automobile réhabilité au beau milieu du centre-ville porte un nom sans prétention. « La Maison d'art du quartier » peut-on lire en grosses lettres violettes au-dessus de la porte d'angle. Chaque semaine, plus d'une centaine d'enfants de 6 à 14 ans traversent en courant la terrasse de pavés pour s'élancer dans le labyrinthe de salles de répétition, d'ateliers d'arts plastiques, de chambres d'écriture et de rangées d'ordinateurs qu'ils appellent leur maison. Il ne s'agit pas d'une école. Ici, pas de diplômes, pas de devoirs à faire, pas de punitions pour avoir agi à sa guise. Les enfants peuvent jouer du tambour, pratiquer le ballet, lire leurs poèmes, écrire leurs spectacles de marionnettes, peindre une ou deux huiles. Tout ça gratuitement, grâce aux citoyens de la ville. De quoi être impressionné.

Mais on est tout aussi impressionné, si l'on passe par cette intersection en été, de voir des enfants littéralement vissés en silence à leurs chaises sur la terrasse, mains sous le menton, yeux grands ouverts, pendant que des hommes et des femmes endimanchés, tous des professionnels de la ville d'hier et de maintenant – des avocats, des infirmières, des personnages à l'air important, des retraités – font la lecture aux enfants, assis en plein soleil. La terrasse est envahie par presque une centaine d'enfants à chaque séance de lecture et le parc de stationnement, occupé par presque une centaine d'autos pendant que les adultes vont et viennent à la course, un livre sous le bras.

Chaque enfant se voit attribuer un lecteur personnel qui vient chaque jour lui offrir ce que personne d'autre ne lui offrirait autrement : lui faire la lecture comme s'il était son propre enfant, imitant les cris et les bruits des animaux, ou changeant sa voix en passant d'un personnage à un autre. L'enfant enrichit son imagination de lutins, de ballades en montgolfière, de défis rencontrés par les petits immigrants, de merveilles astronomiques et de caractéristiques des dinosaures.

Plus encore, les lecteurs bénévoles comblent pour ces jeunes le fossé entre enfants et parents, entre liberté et autorité, à la manière dont avaient coutume de faire leurs aïeux du temps où grands-parents et enfants habitaient le même pâté de maisons, la même ville, le même État. Ils inculquent aux enfants la confiance dans les adultes. Ils les disposent aux échanges avec les adultes, à l'influence des adultes. Ils leur offrent un refuge loin de toutes règles. Ces enfants et adultes deviennent ainsi amis.

Les amitiés intergénérationnelles entre membres d'une génération plus âgée et d'une autre plus jeune sont aussi importantes pour l'aîné que pour l'enfant.

Les enfants nous assurent un lien vital avec le présent et le futur, lien qui nous est refusé si nous restons seul dans un logement pour personne autonome. Ils ne jouent guère aux échecs, mais peuvent tout nous apprendre sur les jeux vidéo. Ils ne chantent peut-être pas de berceuses, mais connaissent les paroles de toutes les chansons diffusées à la radio. Ils nous expliquent le sens des nouvelles expressions. Ils nous gardent en syntonie avec un monde chaleureux et vivant. Ils nous gardent également chaleureux et vivant.

Les enfants libèrent en nous l'enfant avant qu'il ne soit complètement anémié et ne s'évanouisse. Ils nous relient aux jeunes des plus récentes générations dans notre famille, ceux que nous ne voyons qu'une fois l'an ou avec qui nous avons tant de mal à nous entretenir au téléphone.

Ils nous rappellent que nous faisons toujours partie de la race humaine. Nous ne sommes pas censé être banni du reste de la société. Nous sommes censé être son îlot de sagesse, sa preuve d'une meilleure vie à venir, son dépôt de traditions dont aucun livre ne traite.

Dès qu'une société compartimente automatiquement la famille humaine, la famille comme telle n'existe plus. En lieu et place, il y a les garderies pour les enfants, les résidences du troisième âge pour les aînés, les immeubles en copropriété sur la liste d'attente desquels « les familles avec enfants sont priées de ne pas s'inscrire ». Nous vivons dans une société totalement divisée, éclatée, sans moyens ou avec peu de moyens de grandir ensemble sur une base quotidienne. Nous avons perdu le droit d'apprendre les uns des autres. On a surtout nié à la génération plus âgée le droit d'enseigner. Nous sommes des étrangers les uns pour les autres. Nous avons perdu contact avec la plénitude de l'être.

Ce rapprochement nécessaire et naturel entre vieux et jeunes ne peut se limiter à la programmation d'une « activité pour les citoyens plus âgés ». C'est de la pulsation même de la culture dont nous parlons ici. De ce qui assure la circulation de la nouveauté dans nos veines et fait circuler dans les leurs d'autres idées que le meurtre, le chaos, les drogues, le sexe.

Le fait d'entretenir un lien avec un enfant qui n'est pas le leur permet aux aînés de sortir d'eux-mêmes et des murs de leur petite vie rangée pour redevenir pleinement humains. Et le fait de voir des aînés qui ne leur sont pas apparentés s'intéresser à eux, leur parler, leur montrer des choses que leurs parents n'ont pas le temps de leur montrer – comme pêcher, réparer un vélo, cuisiner des biscuits, faire sauter des grains de maïs soufflé à la mode d'antan – permet à l'enfant de trouver du soutien auprès d'un adulte qui n'exerce pas par ailleurs de pouvoir disciplinaire.

~

L'un des fardeaux de ces années est de nous permettre de nous isoler du monde qui nous entoure.

L'un des bienfaits de ces années est la rencontre d'un enfant qui nous aidera à nous dégager de tous nos anciens rôles et à redevenir humain.

~

IMMÉDIATETÉ

« Le secret de ma verdeur et de mon dynamisme, confessait Lowel Thomas, est que je m'arrange pour avoir bien du plaisir. »

Il y a un danger inhérent à la vieillesse qui, si nous y succombons, en fait l'une des périodes les plus frustrantes de la vie, plutôt que l'une des plus satisfaisantes – comme ce devrait être le cas. Ce danger de la vieillesse est que nous nous mettions à nous comporter en vieillard. Or le plaisir entretient le rire et le rire nous garde heureux dans l'ici et maintenant. Et c'est totalement et uniquement dans l'ici et maintenant que nous vivrons l'étape finale de l'existence. Mais voici qu'on nous conseille avec componction de ne pas vivre pleinement ni d'avoir du plaisir.

« Ne fais pas l'enfant » peut être un conseil utile quand on a 17 ans ; c'est une erreur quand on en a 77. Lorsque nous nous mettons à nous comporter en vieillard, si vieux que nous soyons, nous sommes fichu. Et si nous sommes vraiment vieux quand nous commençons à nous comporter en vieillard, c'est encore pire. Alors ne pas faire l'enfant est une maladie fatale. Nous nous minons à un point tel que nous respirons peut-être encore, mais ne vivons plus.

Le fait est qu'il n'existe pas d'activités particulièrement pertinentes à qui se fait vieux, comme il en existe pour chacun des autres âges de la vie. Il est pertinent de s'instruire entre l'âge de 6 et 22 ans. Il est pertinent d'avoir des enfants et d'élever une famille entre 22 et 50 ans. Il est pertinent de se retirer progressivement de la carrière professionnelle quelque part entre 65 et 70 ans. Après quoi, la seule occupation spécifiquement pertinente à qui vieillit est tout ce qui se passe à l'instant.

Si la vie est vraiment pour les vivants, alors le truc pour bien vivre est d'apprendre à la vivre pleinement, à s'imprégner de la vie, à s'en délecter.

Il nous arrive trop souvent de ne pas nous rendre compte qu'une vie pleine dépend beaucoup plus de notre état d'esprit, de notre spiritualité constitutive, que de notre condition physique. Si nous nous représentons Dieu comme bon, nous nous représentons la vie comme bonne. Si nous nous représentons Dieu comme une sorte de juge insidieux et sournois qui nous tente au moyen de bonnes choses pour voir si nous nous laisserons entraîner par elles à quelque forme de dépravation, la vie est alors un piège à redouter.

Bien vivre est affaire de spiritualité du don total, de vie conçue comme grâce plutôt que pénitence, comme temps à vivre dans une ardente espérance en sa perfection, non dans l'épouvante de ses défis. La vie ne nous est pas donnée pour que nous souffrions. La vie nous est donnée pour que nous apprenions à aimer le Créateur dans les joies et la beauté de la création. La vie nous est donnée pour que nous traitions en grâce avec la souffrance naturelle à notre état de créature mortelle.

Si nous ne réussissons pas à aborder la vie de front, nous ne réussirons pas à vivre pleinement.

Dans le processus se présentent aux personnes âgées des tentations particulièrement perfides en ce qu'elles semblent si raisonnables, alors qu'elles sont progressivement destructrices.

« Je suis trop fatigué ce soir. Je crois que je n'irai pas », apprenons-nous à dire tôt dans le processus de vieillissement. Et les autres vont sans nous au spectacle, à la fête ou à la soirée mondaine. « Elle se fait plus vieille maintenant et elle n'en a plus la force », disent les autres. Nous leur apprenons à nous ignorer, puis nous demandons comment c'est arrivé.

« Cela demande trop d'effort. Je ne fais plus ce genre de choses », disons-nous. Nous nous épargnons ainsi l'effort de préparer le feu de joie pour le pique-nique de la fête nationale. Nous ne célébrons plus Noël. Nous n'envoyons plus de cartes d'anniversaire. Nous en faisons toujours de moins en moins, jusqu'à ce que rester cloué à notre chaise devienne notre mode de vie.

« Oh, je n'ai jamais fait ça de ma vie et ce n'est pas maintenant que je vais commencer », disons-nous. Alors nous n'assistons pas au concert dans le parc, n'apprenons pas à pêcher, ne sollicitons pas au téléphone des dons pour la vente de charité à la paroisse. Nous vivons en marge de l'existence tout aussi sûrement que si nous étions déjà mort et enterré. Et nous nous infligeons cela à nous-même.

« Monter à bord de ce truc juste pour voir une chute ? Pas moi ! C'est carrément dangereux. » Nous ne verrons donc jamais de près la vapeur des chutes du Niagara. Jamais nous n'admirerons les Rocheuses depuis un observatoire à leur sommet. Nous ne profiterons pas du point de vue sur Puget Sound du haut de la Space Needle, à Seattle. Nous sommes indifférent. Nous nous privons d'une couche de vie, puis d'une autre, et nous demandons pourquoi la vie ne nous réserve plus de fortes émotions.

« Partir pour la fin de semaine ? » disons-nous.

« M'inscrire à un cours de formation continue ? » rouspétons-nous.

« Tu sais combien ça coûte ? » répétons-nous.

« Acheter un ordinateur seulement pour envoyer des courriels ? » maugréons-nous.

« Rester au loin quelques jours de plus ? Qui s'occupera alors des plantes ? » demandons-nous.

Nous ne passons donc pas à l'étape suivante : entreprendre quelque chose de nouveau. Nous renonçons à évoluer. Nous nous encroûtons, malgré des années de vie devant nous. Et nous attendons. Nous retournons le cadeau de la vie sans même l'ouvrir.

« Ouais, ça semble bien tentant, mais je n'ai personne pour m'accompagner », disons-nous. Alors, au lieu de tendre la main pour nous faire de nouveaux amis, trouver d'autres partenaires, nous joindre à différents groupes, nous creusons notre fosse et nous entraînons tout le monde à notre suite.

« Ce n'est plus de mon âge », prétextons-nous comme si la vie était une série d'exercices gradués, permis à certains, interdits à d'autres. Nous ne sommes plus d'âge à faire un tour de manège avec les enfants. Nous ne sommes plus d'âge à sortir pour le réveillon du jour de l'An. Nous ne sommes plus d'âge à lire un livre sur la plage. Nous nous blottissons dans notre nid et nous laissons filer la vie.

Si nous agissons de la sorte, nous laissons filer également la chance de faire la connaissance de gens. De faire des expériences. Et de découvrir aussi du coup la croissance intérieure encore inexploitée.

La vie n'est pas simplement ce qui nous arrive – quoique, dans les moments de surprise, la vie attende elle aussi –, elle est également ce que nous provoquons nous-même.

Nous sommes ce que nous faisons. Nous sommes neuf intérieurement lorsque nous nous exhortons à faire de nouvelles choses. Nous sommes éveillé quand nous ne nous permettons pas de simplement dormir notre vie. Nous sommes plus sûr de nous-même quand nous oublions notre âge et nous faisons suffisamment confiance pour refuser de tout craindre dans la vie – depuis deux petites marches jusqu'à une paroi de montagne.

Nous n'en avons pas « fini » de la vie à moins que nous nous permettions d'avoir l'impression de ne pas vivre.

Non, nous ne pouvons pas tout faire. Oui, il se peut fort bien que nous soyons plus facilement fatigué, plus rapidement épuisé. Certaines activités requerront naturellement tant d'effort que nous en préférerions d'autres plus agréables, moins physiquement exigeantes. Plusieurs des vieux amis, dont la camaraderie nous a réellement réconforté des années durant, sont sûrement partis. Et certaines activités ne sont effectivement pas à la portée de notre bourse. Mais aucune de ces situations ne justifie que nous substituions, à la vie, la respiration.

Voici maintenant venu le moment de recommencer, de nous renouveler, de trouver des moyens de jouir de la vie, de saisir chaque occasion d'être une personne chère, intéressante, sensationnelle. Nous devons au monde le meilleur de nous-même parce que le reste du monde se bat lui aussi avec quelque fantôme.

L'un des fardeaux de ces années est que nous nous permettions de devenir moins que nous sommes capable d'être, plus rapidement que nous ne devrions jamais nous le permettre.

L'un des bienfaits de ces années est qu'elles nous appellent à descendre au fin fond de nous-même pour y découvrir tout ce que nous sommes. Maintenant. À l'instant.

NOSTALGIE

« LA VIEILLESSE NE M'INSPIRE PAS d'attendrissements, a dit un jour Katharine Hepburn. Ou vous êtes intéressante à n'importe quel âge ou vous ne l'êtes pas. Il n'y a rien de particulièrement intéressant à être vieux – non plus d'ailleurs qu'à être jeune. »

La vérité, c'est que n'existe effectivement pas de parfaite, ultime, suprême étape de la vie. Il y a que ce que nous sommes maintenant, un point c'est tout. Si nous privilégions une étape de la vie, nous courons le risque de rater l'essence même de toutes les autres.

Oui, il est bon de se souvenir, bon de se rappeler les personnes qui nous ont incité à nous lancer dans les grandes entreprises de la vie, qui nous ont poussé à persévérer quand il aurait été plus facile d'abandonner – mais cela peut aussi s'avérer destructeur à la longue. Il est bon de savoir d'où nous venons pour mieux mesurer la distance qui sépare l'endroit où nous sommes de celui où nous allons. Il est bon de se rappeler toutes les joies de la vie pour garder l'assurance, aux jours sombres, que les jours heureux reviendront – parce qu'il en a toujours été ainsi.

Mais il n'est pas bon de faire du passé l'acmé de la vie. Il n'est pas bon de faire de la jeunesse le sanctuaire où nous faisons nos dévotions une fois que nous sommes engagé dans une autre étape de la vie. Il n'est pas bon de nous opposer à devenir ce que nous sommes et de souhaiter être plutôt ce que nous ne sommes pas.

Nous sommes bien trop souvent, bien trop couramment soumis à la tentation d'essayer d'interrompre le cours de la vie, de nous fixer dans l'une ou l'autre de ses phases, de refuser d'aller au-delà de l'instant.

L'un des indices les plus révélateurs de la conception qu'ont de la vie différentes personnes tient à la manière dont elles réagissent à la mort de gens qu'elles chérissaient. Pour certaines, c'est le jour où la vie s'est arrêtée. Elles s'envasent, sont paralysées par la peine, submergées par le deuil. Pour d'autres, c'est un point tournant de leur vie. Les dernières font face au chagrin et s'emploient à continuer avec lui, mais en le transcendant. Nous avons tous été témoins de ces deux attitudes à la fin d'une étape de la vie, à l'aube d'une autre, mais il peut parfois s'écouler du temps avant que nous n'évaluions les répercussions de ce dont nous avons été témoin.

Le lendemain des funérailles, quelques amies se sont arrêtées chez la veuve pour voir comment elle s'en tirait. La foule serait alors dispersée. Le vide commencerait sûrement à se faire sentir. Personne avec qui parler. Personne avec qui évoquer le passé à l'heure des repas. Personne pour la distraire du poids du jour. Elle aurait besoin de compagnie.

Tout bien considéré, la mort avait été soudaine. Pas de longue maladie pour se faire à l'idée de la mort inévitable. Il y avait eu l'accident, l'infection, les allers-retours à l'hôpital, le coma, la lente, la silencieuse agonie. Maintenant le chagrin l'assaillerait.

À leur arrivée, elle se trouvait à l'arrière de la maison. « Pourriez-vous apporter deux ou trois autres grandes boîtes en venant me rejoindre ici ? » leur lança-t-elle. Trois ou quatre cartons étaient déjà remplis, fermés avec du ruban adhésif et empilés près de la porte de la cuisine.

Dans la chambre à coucher, penchée au-dessus des tiroirs de la commode, elle faisait le tri des vêtements. Sur un côté du lit s'entassaient des chemises ; sur l'autre, des complets et des cravates. « Oh bien, fait-elle en voyant les cartons. Maintenant je peux aussi emballer tout ça. »

Les tablettes et les plateaux de l'armoire avaient été débarrassés. La porte de la penderie, vidée de son contenu, était restée ouverte par inadvertance. Tout ce qui restait dans la pièce avait déjà, semble-t-il, été rassemblé et mis en boîte. Puis, comme en réponse à une question non formulée : « La vie continue, vous savez. Faut pas faire du présent le sanctuaire du passé. »

Effectivement, la vie continue. Nous ne pouvons pas l'arrêter. Nous ne devons pas l'arrêter. Il n'est pas possible de vivre dans le passé, si forte en soit la tentation. Si la vie est pour les vivants et que nous ne la vivons pas, nous nous condamnons nous-même à une mort prématurée. Et le plus pathétique est que nous le faisons au nom des relations, des lieux, des événements mêmes qui nous ont amené à nous épanouir dans les années passées. Or ces semences nous permettent d'avoir confiance que de nouvelles pousses sortent de la nuit qui nous habite maintenant.

La frontière est mince entre souvenir et nostalgie, mais ils ne s'équivalent pas.

Le souvenir est évocation. Les bons souvenirs nous font rire, dans les jours sombres, et rallument en nous d'anciens tisons par les nuits glaciales. Ils réunissent autour de nous toutes les ombres d'hier dont nous avons besoin pour nous secouer. Ils nous permettent d'avoir foi en l'avenir parce qu'ils nous rappellent que le passé a été tellement vivifiant, tellement plein d'espérance en tous les lendemains de la vie. Les souvenirs sont des trésors de recommandations et d'assurance, de peine féconde et d'aiguillons précieux. Les souvenirs ne nous immergent pas tant dans le passé qu'ils ne nous poussent vers l'avenir.

La nostalgie est d'une nature totalement différente. La nostalgie n'est pas simple évocation du passé. La nostalgie est immersion dans le passé. La nostalgie nous prend au piège – un pied dans le présent, un pied dans l'hier. Mais le vague à l'âme de la nostalgie n'est pas la géographie de la vieillesse. Le possible l'est.

Chaque phase de la vie est intéressante à la condition que nous nous autorisions nous-même à en explorer toutes les délectations. La vieillesse est la plus intéressante de toutes. Nous sommes maintenant les façonniers de notre destinée, les artisans de nos délectations, les gardiens de notre personnalité. Ce dont nous parlons maintenant, ce que nous faisons maintenant, ce que nous devenons maintenant est entièrement notre responsabilité. Encaquer tout cela dans le passé alors que nous sommes toujours inachevé, alors que nous sommes encore à la merci d'événements tellement indépendants de notre volonté, c'est jouer avec le temps le plus suave de la vie.

La nostalgie est la tentation dangereuse de confondre l'amour pour une partie de la vie avec l'amour pour toute la vie. La nostalgie substitue au plaisir du présent les fantasmes du passé.

Nostalgie n'est pas souvenir. Être nostalgique c'est soupirer après ce qui a été bon pour soi dans le passé, mais qui serait totalement inadéquat dans l'ici et maintenant, c'est y aspirer, s'en languir.

La séduction latente dans la nostalgie est la tentation de se réfugier dans ce qui n'est plus désormais, plutôt que de faire face aux impératifs du présent avec bonne humeur et avec du cœur au ventre. C'est un instantané du passé, retouché à notre convenance. Nous nous rappelons les journées passées dans la vieille barque, mais oublions comme par hasard la corvée qu'en représentaient le nettoyage, le halage et la manœuvre des rames. Nous nous rappelons le chien adoré, mais oublions les jappements, les sautillements, les dommages infligés au canapé. À moins de savoir tenir compte des deux dimensions de chaque aspect de la vie, nous nous mettons à utiliser le souvenir pour échapper à la réalité présente, mais aussi à la réalité passée.

C'est une tentation sournoisement dangereuse de la vieillesse que ce retour à un passé imaginaire. C'est un piège facile pour ceux qui sont las de vivre, las de s'adapter, las de rester en phase avec la vie. Cela tend aussi paradoxalement à embellir la vie qu'ils ont eue et à ruiner la vie qu'ils ont. Cela influence le regard que nous portons sur la vie maintenant. Cela déteint sur ce dont nous parlons. Nos histoires et tout leur charme nous rendent sans doute bien intéressant pendant un moment – puis plus intéressant du tout. Les gens se lassent vite des conversations qui sont simplement des récits interminables, des récits relatifs à un autre temps répétés sempiternellement. Ils ne se tournent pas vers la génération plus âgée en quête de nostalgie. Ils se tournent vers nous en quête de sagesse, de courage, de preuve que la vie sous toutes ses formes est non seulement possible, mais merveilleuse.

~

L'un des fardeaux de la nostalgie est qu'elle nous soustrait au présent et nous pétrifie dans le passé.

L'un des bienfaits de la nostalgie est qu'elle peut servir à nous rappeler que, comme nous avons jusqu'ici survécu à tout dans la vie, en sommes sorti grandi, y avons ri et y avons appris, nous pouvons aussi survivre à cet âge-ci avec la même élégance, les mêmes intuitions – et, cette fois, partager avec d'autres cet esprit d'audace.

~

SPIRITUALITÉ

« La vieillesse m'est une énigme. Je la croyais un temps de tranquillité. Ma septième décennie a été intéressante et passablement sereine, mais ma huitième décennie est passionnante. En vieillissant, je vis plus intensément », écrit la psychologue jungienne Florida Scott-Maxwell dans *The Measure of My Days*, journal de sa huitième décennie.

Et pourquoi pas ? Si, à mesure que s'écoulent les années, nous sommes de plus en plus conscient de l'importance et de la vanité des choses, nous sommes aussi certainement plus réceptif, plutôt que moins sensible, au flux et au reflux de la vie. Nous ne nous fermons pas simplement à la vie en vieillissant, nous nous y engageons sur un plan différent, pour des motifs différents, et le cœur mieux centré.

Si nous apprenons quelque chose à mesure que file le temps et que diminue le nombre de saisons à se succéder pour nous, c'est que certaines choses dans la vie ne peuvent être corrigées. Il est plus que probable que nous emporterons dans la tombe beaucoup des soucis personnels, de projets de vie laissés en plan. Cela s'impose avec toujours plus de clarté chaque année.

Certaines dissensions familiales n'auront pas encore été résorbées. Certaines paroles prononcées dans la fièvre et l'impatience n'auront pas été rachetées. Certaines amitiés n'auront pas été ravivées. Certains rêves n'auront jamais été réalisés. La vie aura-t-elle alors été gaspillée ? Aura-t-elle été vaine ?

Seulement si nous nous méprenons sur le sens de cette dernière période de la vie. Ce temps de la vie n'est pas censé nous scléroser dans nos incapacités. Il est censé nous libérer pour mûrir davantage.

Espérer qu'à la fin il aura été remédié à toutes les brouilles est toutefois au mieux irréaliste. Les gens sont partis depuis longtemps, et depuis plus longtemps encore n'ont pas donné signe de vie. Il n'y a rien qu'on puisse tenter à ce dernier stade pour relancer les échanges, moins encore pour régler les désaccords ou guérir les blessures toujours ouvertes.

Même si nous le souhaitons, il nous est maintenant impossible de dénouer bien des situations dont nous nous sentons toujours responsable, dont nous nous sentons même coupable. Il nous est impossible de remettre sur les rails un mariage qui n'a pas marché. Il nous impossible d'effacer des années de négligence, une vie entière d'indifférence, une existence de mépris pour les personnes alors en droit d'espérer notre sollicitude. Il n'y a rien que nous puissions tenter maintenant pour redresser une vie caractérisée par l'absence de rapports avec nos enfants, la tension accumulée avec notre mère, la distance ressentie à l'égard de notre père, les jalousies, les sautes d'humeur et les petites crispations qui ont marqué des années déjà lointaines et qui mobilisent toujours toutes nos défenses. Ce temps-là, ces situations-là ne sont plus. Ne nous appartiennent plus. Sont indépendants de notre volonté.

Mais les cicatrices démangent toujours. Nous avons été blessé. Nous avons infligé des blessures. Nous sommes le fautif. Nous sommes la source du gâchis qui en a résulté. Autant que nous puissions en juger, il n'y a pas et il n'y a jamais eu aucun moyen de réparer les pots cassés. Alors, que faire maintenant ?

Si nous ne savons pas affronter sans détour tous les combats inachevés de notre existence, comment pourrions-nous vraisemblablement faire face à la fin de la vie avec quelque sérénité ?

Le fait est que le désarroi accumulé avec les ans est justement une grâce mise en réserve pour le temps de la fin, les dernières années, l'apogée de la vie. La conscience des torts infligés ne peut réellement que maintenant tout changer en nous. La peine résultante ne peut que maintenant être féconde. Pourquoi ? Parce que nous devons maintenant nous en occuper nous-même. Il n'y a plus personne désormais pour nous pardonner, plus personne pour nous dire que nous avions raison, plus personne pour céder devant notre insistance, plus personne à qui refuser notre compagnie. Tout ça n'est vivant qu'au-dedans de nous. Il nous faut maintenant entrer au plus secret de nous-même et y faire la paix, non pas avec nos vieux adversaires, mais – plus important encore – avec nous-même, avec la conscience avec laquelle nous avons refusé de nous réconcilier des années durant.

Il est des questions bien plus pertinentes à ce qui nous est arrivé dans la vie que la simple clarification de qui a fait quoi, à qui et pourquoi, et quelle en a été la conséquence pour nous. Ce qui doit plutôt nous occuper maintenant, c'est ce que nous sommes devenu à la suite de cela. Sommes-nous devenu un être plus pleinement humain – ou avons-nous bêtement passé notre vie à clamer notre innocence, malgré la petite musique intérieure qui nous disait combien nous étions effectivement coupable ?

En cette période de la vie, nous devons entreprendre de chercher dans notre cœur et dans notre âme, plutôt qu'au-dehors, les réponses à nos problèmes, la solution aux difficultés. Il est temps de nous regarder en face, de nous révéler.

C'est la période, dans la vie, de la réflexion spirituelle, du renouveau spirituel. Voici venue l'heure de nous demander quel genre de personne nous avons façonnée toutes ces années. Aimons-nous cette personne ? Sommes-nous devenu plus honnête, plus sympathique, plus bienveillant, plus indulgent en cours de route à cause de tout ça ? Et, dans la négative, quelles mesures devrions-nous prendre à ce propos maintenant ?

Quelles qu'aient été les causes des ruptures dans notre vie, nous y avons eu notre part de responsabilité. Que reste-t-il en nous de l'enfant gâté, narcissique, exigeant ? Et sommes-nous prêt maintenant à nous occuper de ce qui en subsiste ?

Alors que le corps commence à se dématérialiser, alors que nous commençons à nous dissoudre dans l'au-delà, sommes-nous capable de décanter ce qui en nous a dressé un obstacle entre nous et le reste de la création toute notre vie durant ?

Pouvons-nous enfin voir du même œil que notre âme et reconnaître qui nous sommes ? Si nous avons été égoïste, pouvons-nous quotidiennement nous astreindre à la discipline de prendre soin des autres ? Si nous avons menti à notre sujet, pouvons-nous veiller maintenant à dire la vérité vraie à propos de nous-même ? Si nous avons été sans Dieu, sommes-nous capable de croire que le Créateur de la Vie doit aussi par conséquent être la patrie de notre âme et pouvons-nous nous incliner devant la Vie à qui la nôtre est redevable ?

Sommes-nous capable de commencer à ne nous voir que comme une partie, une simple parcelle de l'univers, et non pas comme son centre ? Sommes-nous capable de nous appliquer à accepter la canicule et la pluie, la peine et les limites, les inconvénients et les inconforts de la vie, sans nous mettre à châtier passivement le reste de la race humaine pour les exigences quotidiennes inhérentes à la nature humaine ?

Sommes-nous capable de sourire à ce à quoi nous n'avons pas souri depuis des années ? Sommes-nous capable de nous dépenser pour ceux qui ont besoin de nous ? Sommes-nous capable de dire le fond de notre pensée, sans avoir besoin d'emporter l'adhésion, et d'accepter les tours imprévisibles de la vie présente – sans avoir besoin que le reste du monde entier nous dorlote par-delà toute justification humaine de l'espérer ? Sommes-nous capable de parler décemment avec les gens et de les laisser nous parler ?

Les personnes âgées, nous a-t-on dit, sont moins commodes en vieillissant. Non. Pas du tout. Elles sont simplement moins préoccupées de préserver leur masque, plus susceptibles de consentir l'effort d'être humaines, d'être des êtres humains. Elles ne font plus semblant. Elles font face à la réalité que maintenant – cette période, ce processus de vieillissement – est le dernier temps qui nous soit imparti pour ne plus être aussi médiocres que nous nous sommes permis de l'être au fil des ans. Mais il nous faut d'abord faire face à ce qu'est la médiocrité et prendre le temps qu'il nous reste pour devenir plus que jamais agréable, plutôt que plus désagréable.

L'un des fardeaux de ces années est le danger de céder à notre moi le plus égoïste.

L'un des bienfaits de ces années est la chance de faire face à ce qui nous a intérieurement asservi et de laisser notre esprit se désentraver de ce qui, toutes ces années, l'attachait à la Terre.

ESSEULEMENT

« QUELLE EST LA PIRE INFORTUNE à guetter la vieillesse ? écrit Lord Byron. Qu'est-ce qui creuse la ride sur le front ? Voir chaque être cher oblitéré du livre de la vie et être seul sur terre, comme je le suis maintenant. »

L'une des principales caractéristiques du processus de vieillissement est qu'il nous sépare du reste de l'humanité. Plus nous vieillissons, plus jeune nous apparaît le reste du monde, plus nous sommes conscient d'habiter maintenant un espace très rare. À mesure que les patriarches familiaux disparaissent autour de nous, à mesure que les amis se rapprochent de leur dernier souffle, nous commençons à nous rendre compte que nous sommes de plus en plus solitaire. Peu nombreux sont maintenant ceux qui savent qui nous sommes, quelles routes nous avons empruntées, ce qui nous intéresse dans la vie. Les gens mènent une vie fort différente. Nos deuils leur sont inconnus.

La vieillesse est l'élégie des élégies. De bien des façons, elle nous accable davantage que la mort. Dans la mort, on se souvient de vous. Dans la vieillesse, vous êtes beaucoup plus susceptible d'être oublié, voire mis à l'écart de la vie même.

« Oncle Otto, dit l'enfant d'une voix forte, tu es maintenant le plus vieux de la famille. » L'atmosphère, on dirait, s'assourdit. Une espèce de certitude embarrassée pèse sur le groupe. À l'évidence, David a dit ce qui ne se dit pas.

David a 9 ans. Que des choses ne se disent pas, cela n'a aucun sens pour lui. Oncle Otto a 90 ans. Pour lui, ce qui ne se dit pas – la conscience que, si les gens meurent suivant leur ordre d'arrivée en ce monde, l'aîné de la famille pourrait bien être le prochain à en partir – veut tout dire. Cette réunion de famille pourrait bien être la dernière à laquelle il assiste. C'est le temps des Fêtes, après tout, et la famille se ressent vivement de l'absence de tante Annie qui avait 90 ans, le Noël précédent.

Otto est assis le corps raide, très droit, élégamment vêtu, alerte – même bel homme en un sens. Sec et nerveux, il a l'œil vif, le dos non voûté, le pas assuré. Il n'est pas le « nonagénaire » ; il est l'oncle Otto. Si certains espéraient des considérations sur la manière dont on se sent à 90 ans, ils ne les obtiendront certainement pas de lui.

Et tout ça est parfait. Cette question ne s'adresse réellement pas en propre à l'oncle Otto. C'est une question qui se pose à chacun de nous à partir du moment où nous découvrons que nous sommes la personne la plus âgée de presque toutes les assemblées auxquelles nous participons. Nous sommes de ceux qui doivent chaque jour répondre eux-mêmes à la question : « Comment se sent-on de vivre dans un monde plus jeune en étant si vieux ? »

Notre esseulement s'accentue à mesure que nous vieillissons. Et l'esseulement nous fait prendre des distances par rapport à là d'où nous venons et là où nous allons. Nous commençons à être de moins en moins d'ici et de plus en plus… d'où ? La préoccupation de la destination prend graduellement le pas.

D'une part, nous nous sentons esseulé, même dans une foule, parce qu'il s'y trouve si peu de gens, s'il en est, à qui nous pouvons parler de ce nouveau temps dans notre vie. D'autre part, même à nous cela ne paraît pas réel. L'âge, nous enseigne-t-on, n'est qu'un nombre. Sauf que ce n'est pas le cas.

Il commence à nous arriver des choses qui donnent de la réalité à ce nombre. Nous commençons à être conscient que la vie nous file entre les doigts comme de l'huile d'olive de qualité, doucement et continûment, doucement et régulièrement, doucement et inéluctablement.

C'est alors que nous nous sentons esseulé, non parce que nous sommes isolé ou délaissé, mais précisément parce que nous sommes maintenant dans la plénitude de la vie. La nôtre. Nous ne partageons plus la vie des masses. Et notre vie, finissons-nous par comprendre, est fort différente de la leur.

Le sentiment d'importance associé à l'agitation de l'âge mûr nous manque. Il nous manque au moins jusqu'à ce que nous devenions conscient de notre nouvelle importance associée au fait d'être simplement qui nous sommes, plutôt que simplement ce à quoi nous nous employons. Jusqu'à ce qu'arrive ce moment, nous avons l'impression de tous nous parler les uns les autres sous l'eau : nous ne comprenons pas vraiment ce dont parlent les autres. C'est très effrayant. Et les gens autour de nous, des gens que nous connaissons depuis longtemps, ne nous comprennent pas davantage. Nous ne leur confions ni la crainte ni la peine de nous retrouver maintenant dans un monde à nous, sans rien à dire qu'ils pourraient peut-être comprendre ou à quoi ils pourraient peu à peu s'intéresser.

Nous manque le stimulus social associé au fait d'aller chaque jour au bureau, à l'atelier, au magasin, à la salle de cours, à l'hôpital, d'être partie prenante de l'équipe, de la bande, des fêtes d'anniversaire, des barbecues du voisinage. Même s'il y a des tas de gens autour de nous, nous n'avons jamais fréquenté ces gens-là et ne connaissons réellement aucun d'entre eux. Nous les reconnaissons peut-être, leur adressons peut-être la parole, mais nous ne les connaissons pas comme nous connaissions les vieux camarades de toujours.

Nous manquent les stimuli intellectuels, les sentiments d'accomplissement et d'utilité associés aux problèmes quotidiens. Nous manque d'être partie prenante d'un travail, d'un projet, d'un objectif, d'exploits sensationnels dont nul autre que nous n'a jamais entendu parler.

Nous manque d'avoir un rôle à remplir.

Il y eut un temps où les personnes plus âgées habitaient avec la famille toute leur vie. À une certaine époque, on ne se retirait pas tant qu'on ne tirait pas sa révérence – ou, plus vraisemblablement, on ne se retirait jamais. Avant tous ces changements, nous étions des personnes, pas une date de mise à la retraite.

Vrai. Tout vrai. Par contre, il n'y avait pas la télé en ce temps-là pour tenir informées les personnes plus âgées. Il n'y avait pas l'Internet pour rester en contact avec ses proches et ses amis dispersés. Il n'y avait aucun moyen de faire partie de plus grand encore et de plus important que son travail, une fois qu'on avait quitté le monde du travail. Maintenant les gens sont à la recherche de personnes prêtes à prendre le temps de faire ce dont la société a réellement besoin. Ils sont à la recherche de personnes qui s'engagent dans quelque chose parce que cela en vaut la peine, non parce que cela paie bien.

Nous découvrons alors que, si nous sommes esseulé, cela pourrait être parce que nous n'avons pas regardé autour de nous pour voir qui a besoin de nous.

Une personne dont on a besoin – réellement besoin – ne se sent jamais esseulée, jamais isolée, jamais inutile. Suffit de sortir et de se rendre utile. Le monde nous attend les bras grands ouverts.

~

L'un des fardeaux de ces années est de nous terrer quelque part et de nous désoler de notre vieillesse, de notre changement de vie, de nos pertes.

L'un des bienfaits de ces années est de nous rendre disponible au monde qui nous attend, maintenant même, ici même.

~

PARDON

« La jeunesse connaît les règles, écrit Oliver Wendell Holmes. La vieillesse connaît les exceptions. »

Le cœur s'attendrit avec l'âge, non pas tant par vertu que par expérience. À 70 ans, nous savons non seulement que personne n'est parfait, nous savons que personne ne peut l'être. Ni nous, ni eux, ni personne. En fait, nous apprenons avec les ans que la vie n'est qu'une liste d'exceptions avec lesquelles il faut compter, par lesquelles il faut passer et qu'il faut digérer. Nos critères ne sont que cela, des critères. Ce ne sont pas des absolus, et ceux qui veulent les prétendre tels s'écroulent en raison même de leur propre rigidité.

Cela, nous le savons maintenant grâce au genre de savoir qui résulte uniquement de la connaissance de soi-même, de la connaissance de ses défauts, de ses erreurs, de son immense désir d'être parfait et, quels que soient les efforts déployés, de son abyssal besoin de miséricorde. Cela, nous le savons et nous avons aussi maintenant d'innombrables autres connaissances avec lesquelles il nous faut compter plus complaisamment, plus tendrement, plus doucement. Le problème, une fois que nous savons quelque chose, c'est qu'il ne nous est plus possible de l'ignorer. Cela nous astreint à une nouvelle forme d'honnêteté. Cela nous accable de sa vérité.

La vieillesse est une réelle mine de vérités durement acquises. Nous découvrons que le mariage n'est pas toujours et seulement «vivre heureux jusqu'à la fin». Peu importe qui le dit, la jeunesse n'est pas «sans souci». Les gouvernements, apprenons-nous, ne méritent pas infailliblement notre «allégeance» et les religions «pèchent» elles aussi. Mais est peut-être par-dessus tout contraignante la conscience que, si nous avons été déçu, nous avons aussi déçu. Nous n'avons pas seulement beaucoup à pardonner, nous avons beaucoup à nous faire pardonner – sinon par d'autres, du moins par nous-même. Alfred Lord Tennyson formule cela ainsi: «Deux hommes âgés, toute leur vie rivaux / Sur une tombe pleurent – et dans leurs sanglots / Lavent le souvenir de leur affrontement / Et puis pleurent la perte de tous ces ans.»

Souvent ce n'est pas tant ce que nous avons fait, ou ce qu'on nous a fait, que ce que nous avons fait à cause de cela qui nous chagrine le plus. Ainsi des querelles familiales perdurent-elles sur des générations, bien au-delà du moment où quiconque se rappelle encore exactement, si jamais quelqu'un l'a su vraiment, comment ou pourquoi la dispute a commencé. Il y a pire que les brouilles de famille: la désintégration d'une amitié, et le temps perdu entre ces deux personnes parce qu'il n'y a pas pour les amis, contrairement à ce qui en est pour les proches, de lieux de rencontre naturels qui permettent aux parties d'être réunies – même si cela se fait à leur corps défendant.

Trop souvent, dans le feu de l'action, jeune et gorgé du venin du perfectionnisme, nous exigeons notre dû. Et si cela ne vient pas, nous nous éloignons d'un pas pesant et furieux, dans une colère indignée, l'âme torturée. Mieux vaut être victime que perdant. On nous a traité injustement. Quelqu'un a enfreint les règles de vie tacites qui gouvernent notre existence. Quelqu'un a éraflé le vernis de notre perfection et nous a laissé exposé, abandonné, distant, blessé, mort. Parfois l'autre sait ce qui est arrivé, et pourquoi. Parfois, il l'ignore. Nous disparaissons simplement dans l'attente d'une réparation qui ne vient jamais.

Les années passent. Plus importante était la relation, plus cuisant est le souvenir de l'injustice. Au lieu de s'estomper, le souvenir — sa douleur — s'exacerbe chaque année. C'est une blessure suintante, suppurante avec le temps, une cicatrice au cœur, une aigreur à l'estomac. Et le temps passe.

Seul le pardon peut endiguer en nous pareille douleur. Des excuses n'y arriveront pas à elles seules. Portée au sein toutes ces années, léchée, cajolée, nourrie par le temps, fignolée par les décennies, une douleur semblable ne peut être guérie que par l'offensé, non par l'offenseur, puisque c'est l'offensé qui l'entretient.

La dureté habite maintenant mon cœur. Elle excède de loin la dureté de cœur de qui a enfoncé le poignard. Elle est mienne. Je la reconnais. Je la couve. Et j'en souffre plus que l'être que je tiens responsable de la blessure.

Reste à savoir pourquoi une plaie si ancienne est plus insupportable maintenant que je suis vieux qu'au moment où elle m'a été infligée. Ou, inversement, pourquoi y suis-je plus sensible maintenant que je n'y ai été des années durant ? Et la réponse est « parce que ». Parce que je suis maintenant plus âgé. Parce que je sens maintenant que le temps presse. Parce que je perçois maintenant ma bêtise. Parce que, je m'en rends compte, la distance ainsi creusée entre moi et un être que j'aimais aura été beaucoup plus préjudiciable à mon âme que l'offense a jamais pu l'être. Parce que j'ai finalement appris avec le temps que, dans la vie, les règles sont loin d'être aussi importantes que leurs exceptions. Parce que de trop nombreuses années ont déjà été gaspillées pour ce qui ne vaut pas une vie. Parce qu'il est temps de préférer les exceptions aux récriminations.

Les récriminations ne règlent jamais rien, à vrai dire. Elles répartissent seulement les torts. Elles ne transforment pas le besoin de justice en baume d'amour. Elles ne me rendent pas à moi-même un peu plus humble et, peut-être du coup, beaucoup plus humain. Seul le pardon peut y arriver.

Le pardon est l'unique thérapie de la vieillesse qui efface totalement l'ardoise, qui guérit en embrassant.

La générosité désintéressée que l'on prête au pardon est un mythe. Le pardon est plus important pour qui pardonne qu'il ne l'est pour qui est pardonné.

Une fois qu'elle s'infiltre dans notre âme comme du sable, l'amertume perturbe notre équilibre pour de longues années. Elle est toujours là à nous écorcher, à nous raviner, à nous ronger, à nous dévorer le cœur. Nous sourions à certains, bien sûr, mais notre sourire est plus forcé que vrai. Nous ne sommes pas une personne vraiment ouverte, vraiment tendre, vraiment heureuse. Et le temps nous est de plus en plus compté.

Nous seul pouvons nous libérer du joug d'amertume que traîne toujours avec elle une colère ancienne. Nous seul pouvons rechercher des exceptions pour faire de l'incident une offense pardonnable plutôt qu'une malveillance irrémédiable. Nous rappelons-nous même encore clairement ce qui s'est produit ? Sommes-nous réellement sûr que cela était intentionnel comme nous nous le sommes représenté toutes ces années ? Rien ne l'expliquerait-il, ne l'atténuerait-il, ne le rendrait-il donc compréhensible ? « Existe-t-il quelqu'un que nous n'aimerions pas, écrit la poétesse Mary Lou Kownacki, si nous connaissions son histoire ? »

N'avons-nous pas déjà perdu trop de temps à ce petit rien du tout ? Voulons-nous que ce genre de détail continue de nous broyer alors que nous vivons nos derniers jours, les meilleurs de nos jours ? Nous sommes-nous mis en frais pour cette fin de vie rabougrie ? Voulons-nous creuser un tel abîme entre la vie et nous, maintenant que nous savons combien la vie est réellement censée être merveilleuse ?

Le pardon recolle tous les morceaux de notre vie. Il est la preuve de nos apprentissages. Il est le signe de notre guérison intérieure. Il est la marque de la connaissance de soi. Il est la mesure du divin en nous.

La vieillesse nous dit que nous avons nous-même souvent failli, n'avons jamais réellement rien fait de complètement bien, n'avons jamais été vraiment parfait – et que c'est absolument normal. Nous sommes qui nous sommes – et il en va de même pour tout le monde. Et c'est notre pardon accordé aux autres qui nous donne le droit de nous pardonner d'être moins que nous aurions toujours voulu être.

L'un des fardeaux de ces années est que nous courons le risque de nous laisser étrangler par les conflits du passé.

L'un des bienfaits de ces années est la faculté de voir que, pour être parfaite, la vie n'a pas à être parfaite : il lui suffit de pardonner – et d'être pardonnée.

OUVERTURE

« PEU DE GENS SAVENT être vieux », écrit La Rochefoucauld (*Maximes*, n° 423).

Cela nécessite, en effet, beaucoup de science. Il est facile d'être jeune dans cette société. La jeunesse a tout le magnétisme du Saint-Graal. Le monde n'en a que pour elle. Rares sont les publicités qui ne s'en font pas les chantres. Des médicaments la promettent. Des programmes de mise en forme la garantissent. On veut nous faire croire qu'être jeune est la vraie définition de la vie. Et, en un sens, c'est vrai.

L'évolution d'une société juvénile marquée par la vitesse, le bruit et l'énergie, le dynamisme, la vitalité et l'assurance, est cependant aussi trop souvent source de grave isolement plutôt que porteuse d'espoir. Tous sont jeunes, mais je ne le suis pas. Que me reste-t-il donc, maintenant que le dynamisme et l'énergie ne semblent plus être mon élixir de vie ?

Dans une culture tournée vers la jeunesse, la vieillesse peut apparaître comme une réalité très déprimante. L'avenir est sombre, nous dit-on, pour les scénaristes de plus de 30 ans à Hollywood. Les producteurs craignent que la génération des plus de 30 ans, si talentueuse soit-elle, soit maintenant trop hors du coup pour savoir communiquer avec un public plus jeune. Ce qui est essentiel puisque cette dernière cohorte d'âge, comme on dit, est le segment de la société dont le pouvoir économique croît le plus. L'industrie de la publicité sait combien cela est important. Et on nous le fait comprendre aussi. Ce groupe d'âge mène la société.

Il y a de quoi s'étrangler.

Une culture fondée sur la création de besoins chez les enfants et la satisfaction de ces besoins n'augure rien de bon pour les temps à venir. Elle laisse une génération plus âgée à la merci d'un monde dont les priorités sont maintenant totalement désaccordées des siennes. Pire encore, elle menace d'inculquer à la société dans son ensemble une mentalité de jeu vidéo en vertu de laquelle la rapidité est préférable à la lenteur, la jeunesse préférable à la vieillesse, et la violence une réponse facile à tout. Dans les jeux vidéo, les victimes ne saignent pas, ne souffrent pas ; elles explosent simplement en plein ciel. Oubliez la manière posée et réfléchie d'aborder les questions sérieuses. Oubliez l'acquisition des connaissances qui s'accumulent avec le temps. Oubliez la raison et l'instruction, l'âge et la sagesse ; la violence suffira.

Silencieusement, mais graduellement, la culture et l'environnement de cette nature isolent la population plus âgée sur une île bien à elle. Une île foncièrement invisible. Une île guère approvisionnée. Et les personnes âgées elles-mêmes, vu leur prédilection pour les échanges, la réflexion et l'analyse, disparaissent simplement des organigrammes comme des cibles numérisées sur une console de jeu vidéo. Ainsi, seule une poignée des quelque cent cinquante chaînes de télé disponibles diffuse de la musique classique, présente des entretiens littéraires, programme des débats sur des questions d'intérêt national ou produit des émissions consacrées au théâtre et à l'art. Tous les outils de réflexion dont une société a besoin pour être en mesure de porter un jugement sur les questions politiques et sociales ou économiques de l'année en cours, par rapport à un millier d'années de réflexion passée sur de sujets semblables, lui ont été retirés.

Personne n'en ressent davantage le manque que la population grandissante de personnes âgées. Ceux qui ne mesurent pas l'influence et la fréquence de l'âgisme ne finissent pas moins par en subir les effets de désocialisation. Le nombre d'individus vivant en solitaire dans cette société est passé de 17 % de tous les ménages en 1970 à 26 % de tous les foyers en 2000[23]. Des villages entiers de femmes et d'hommes plus âgés, vivant en retrait de la population en général autour d'eux, ont poussé comme des champignons. Ces personnes perdent ainsi tristement tout contact, perdent toute énergie, perdent toute considération au moment où elles en savent plus sur la vie que jamais auparavant.

Il y a pire : les récits tragiques du sort réservé aux personnes âgées isolées nous parviennent de partout dans le monde – de l'Australie et de la France, de l'Allemagne et des États-Unis. Elles logent dans des appartements pour personnes âgées, restent dans leur maison personnelle, habitent des logements subventionnés, vivent dans des copropriétés luxueuses. Si ces personnes âgées viennent de toutes les couches et de tous les horizons de la société, de villes de toutes sortes, de toutes les espèces de quartier densément peuplé et très fréquenté, le dénouement de leur histoire est le même : toutes meurent dans la solitude et personne ne les découvre avant plusieurs jours ou semaines, voire des mois.

Les explications données à cette situation vont du manque de services municipaux au besoin d'instruments de surveillance électronique, de la négligence des familles à l'absence d'« esprit communautaire ». Comment se fait-il, se demande-t-on, qu'une personne puisse mourir et qu'on ne remarque pas son absence, qu'on ne s'en inquiète pas, qu'on ne la signale d'aucune façon ? De fait, les grandes villes peuvent être les lieux les plus anonymes, les plus solitaires qui soient au monde. De même pour nous.

Dans une société mobile, les familles s'éparpillent aux quatre coins du pays. Personne ne s'arrête plus, en passant, voir grand-mère. Les gens ont maintenant divers lieux de travail et sont plus enclins à socialiser avec les collègues qu'avec les voisins. Les groupes d'affinité se forment maintenant hors du voisinage – dans les allées de quilles ou les événements organisés par l'entreprise, dans les regroupements de citoyens ou les clubs privés, dans le cadre d'activités paroissiales ou de groupes d'intérêt particulier. Nous ne savons plus qui habite l'immeuble, moins encore qui habite le pâté de maisons.

Pas de doute à y avoir : la vie citadine n'obéit pas au modèle de vie en milieu rural ou au sein d'une petite communauté de type urbain. Nous appartenons à un monde d'étrangers qui essaient de se réserver, dans des zones surpeuplées, un peu d'espace pour être seuls, être des individus, avoir un peu d'intimité.

La plupart du temps, en ce siècle et cette époque, nous nous ménageons un peu d'intimité en créant une distance psychologique là où manque l'espace physique. Nous ne parlons pas dans les ascenseurs. Nous ne nous assoyons plus sur le perron. Nous n'arpentons plus la rue, le soir, en saluant les gens à chaque porte. Nous ne connaissons pas le pharmacien, ni le facteur, ni l'employé de la banque par leur nom – et ils ne nous connaissent pas. Le monde entier a manifestement besoin de réapprendre à entrer en relation avec la personne d'à côté si nous voulons un jour recréer une authentique communauté, un monde civilisé. Sans quoi il n'y a pas à s'étonner que des gens puissent être morts depuis des jours sans manquer à quiconque.

Une partie du problème tient aussi au fait que, trop souvent, plus nous vieillissons moins nous restons nous-même en contact avec le monde autour de nous. Nous ne téléphonons à personne, n'écrivons à personne, ne fréquentons personne. Comme s'il n'y avait plus de place pour nous dans la vie, plus personne qui ait besoin de nous, plus personne qui espère notre appel autant que nous espérons le sien.

Il nous faut compter aussi avec une autre réalité quand nous nous désolons de l'isolement qui se crée si souvent à mesure que nous vieillissons. Et c'est nous-même. Le fait est que nous n'avons pas à être isolé si nous ne nous isolons pas nous-même. L'ouverture est capitale au vieillissement. Il nous faut sortir pour aller à la rencontre du monde au lieu d'attendre que le monde vienne à nous.

La salle était pleine à capacité quand Helen et Herman ont officialisé leur retraite. Le couple n'était manifestement pas isolé. Tout le monde dans la ville connaissait ces deux octogénaires depuis un bon moment et le moindre organisme du coin les sollicitait. Pendant des années, Helen et Herman avaient géré tout seuls la soupe populaire des lundis. Elle cuisinait, supervisait les autres bénévoles, servait les assiettes et appelait par son nom chaque habitué dans la file ; une fois passée l'heure du souper, Herman nettoyait et verrouillait les lieux. Elle souffrait de cancer, de maux de jambes et d'une foule de maladies chroniques, ce qui ne l'avait jamais empêchée d'aller à la cuisine jusqu'à ce qu'elle cède finalement aux instances de la famille et abandonne les lundis à quelqu'un d'autre.

Que faut-il pour être aimé autant que Helen et Herman en vieillissant ?

Comment se fait-il que certaines personnes âgées trouvent leur place et assument des responsabilités — tandis que d'autres meurent dans la solitude et sans manquer à quiconque des mois durant ?

La fécondité — le don de soi pour satisfaire aux besoins du reste du monde — est pour la vieillesse la mission la plus importante de toutes. À titre d'exemple, dans les trois segments de la société examinés par la George Vaillant's Harvard Study of Adult Development — les hommes de Harvard, les hommes des quartiers défavorisés du centre et les femmes de l'université —, c'est l'élargissement du cercle de ses connaissances au fil de la vie — et non l'argent, l'instruction, la famille — qui a été le facteur clé d'un vieillissement heureux[24].

Mais cet « élargissement » ne se ramenait pas à la simple création de liens, si important cela soit-il. Les individus heureux tissaient plutôt des liens en allant au-delà : ils s'engageaient activement dans une ou plusieurs des grandes causes sociales de la vie en « aidant quelqu'un d'autre ».

Les dimensions importantes de la vie en société dépendent en fait pour la plupart des services bénévoles des personnes plus âgées. Elles prennent soin d'autres aînés, elles surveillent les enfants de jeunes parents maintenant trop occupés pour tout faire eux-mêmes.

Elles apprêtent et livrent les repas de la « Popote roulante » qui permet à de si nombreuses personnes âgées de continuer à habiter leur maison. Elles préparent les affiches officielles et les tours de scrutin. Elles font du bénévolat dans les bibliothèques et les musées, les hôpitaux et les parcs. Elles procèdent maintenant aux recherches qu'elles n'ont pu mener du temps qu'elles enseignaient. Elles écrivent les livres qu'elles n'avaient pas même le temps de tracer dans leurs grandes lignes lorsqu'elles travaillaient. Elles créent les groupes de discussion, les groupes de lecture, les groupes de réflexion, les événements sociaux grâce auxquels le monde continue de tourner. « Tu veux savoir si tu as fini ton travail dans la vie et tu es encore en vie ? lance le maître soufi. La réponse est non. »

Les personnes âgées sont les donatrices du monde et leur don s'accompagne d'un vaste réseau de relations, d'amis, de gens qui comptent sur elles, ont besoin d'elles, se tournent vers elles pour des réponses.

Par-dessus tout, peut-être, la vieillesse est le seul âge où nous sommes en mesure d'être vraisemblablement aussi important pour le monde en général parce qu'elle est le premier moment dans la vie où nous sommes nous-même assez libre pour nous intéresser au monde plus vaste que le nôtre. Nous sommes maintenant prêt à nous dépasser nous-même pour le bien de tous les autres auxquels nous sommes en train de léguer ce monde.

L'un des fardeaux de ces années est le danger de nous considérer nous-même inutile simplement parce que nous n'occupons plus les rôles et les fonctions de la jeunesse.

L'un des bienfaits de ces années est la liberté de nous ouvrir aux autres, de faire tout ce que nous pouvons avec tout ce que nous avons réussi à créer au fil des ans, en notre âme et notre esprit, pour le bien du reste de la race humaine.

LE PRÉSENT

« RIEN N'EST INTRINSÈQUEMENT et irréductiblement jeune à l'exception de l'esprit, dit George Santayana. Et l'esprit peut sans doute mieux habiter un être humain dans la quiétude de la vieillesse et y profiter plus tranquillement que dans l'agitation de l'aventure. »

L'un des changements du mode de vie les plus patents, après les longues années de routine au travail et au foyer, est le changement qui touche le cours de nos journées. La vie adopte maintenant un rythme différent, un rythme pas toujours commode. Il ne faut pas longtemps avant que nous commencions à souffrir de ce qui, pensions-nous, allait être l'une des plus grandes joies de la vieillesse : le téméraire sentiment de désinvolture que nous inspire le fait d'avoir du temps à nous. Le problème est que, si téméraire que nous soyons, nous ne savons tout simplement pas à quoi nous occuper quand il n'y a rien « à faire ».

L'une des conséquences de nous être conformé presque toute notre vie durant à un régime d'emploi du temps quotidien rigoureusement établi est que nous pouvons facilement perdre l'esprit du jeu. Non seulement notre corps vieillit-il, mais notre cerveau peut aussi s'encrasser un peu. Que nous le sachions ou non, la vie a perdu de son appétit de possible, de désinvolture avec les ans. Plus important encore, l'instinct du jeu, cette qualité innée qui nous garde vraiment jeune, a perdu de son magnétisme pour avoir été largement négligé des années durant. Il faudra peut-être même un certain temps pour le recouvrer. Mais il nous faut le recouvrer si nous tenons à ce que la vieillesse ait libre cours en nous.

La vieillesse est faite pour le renouveau de l'esprit. La vieillesse est faite pour nous permettre de jouer – avec des idées, avec des projets, avec des amis, avec la vie.

L'un des plus beaux cadeaux du vieillissement est que le temps devient alors plus précieux. Le temps devient maintenant un compagnon de route. Nous sommes constamment conscient de sa présence qui flotte au-dessus de nous comme une brume rafraîchissante, un soleil réconfortant – qui nous éveille au pouvoir de l'immédiat.

Dès qu'on approche de la vieillesse, on ne vit plus les instants avec nonchalance. Maintenant, on les savoure. On en épuise, on en arrache, on en déguste chacune des strates. Jamais le présent n'a eu tant de piquant. Jamais chaque journée n'a été plus délicieuse, plus éprouvante, plus libératrice, plus inquiétante, plus complètement vidée de toutes ses minutes que depuis que nous nous sommes mis à compter celles peut-être toujours en réserve pour nous. Jamais nous n'avons été plus d'attaque.

À vrai dire, il n'y a plus de temps à perdre. Maintenant n'est plus un instant qui mène au suivant. Il est toute la vie.

Quand nous apprenons à nous absorber dans l'instant avec autant de passion, autant de délectation pure et simple, nous apprenons enfin à être en vie.

Tout le reste de la vie était en vue de ce moment précis. Tout le reste était pur exercice en vue de ce moment, n'était que signes de ce qu'est vivre pleinement.

Nous n'apprenons à vivre que dans le présent et le présent est le centre d'attraction de la vieillesse. Nous vivons ici et maintenant, seulement ici – oh, si délibérément ici.

Des choses que nous n'avions jamais vues, jamais réellement vues avant ce moment – des choses que nous possédions, conservions, avions vues toute notre vie sans vraiment les voir – tout à coup, et presque pour la première fois, deviennent furieusement présentes. Nous commençons à prendre conscience de la façon dont les enfants nous sourient en retour, si nous leur sourions assez longuement. Nous commençons à nous demander comment et pourquoi l'eau d'une mer étale clapote néanmoins sur la plage. Nous comprenons que les larmes dans les yeux d'un être cher appellent un geste sur-le-champ, avant qu'il ne soit trop tard pour les étancher.

Le présent trouve comme jamais son chemin jusqu'au cœur de notre âme.

La gratitude s'affine à mesure que passe le temps. Nous finissons par comprendre que le sentiment de gratitude s'épanouit au mieux dans la conscience avivée du présent qui vient avec l'âge. Nous commençons à fleurer des odeurs auxquelles nous n'avions jamais prêté attention, parce que nous préoccupaient trop la paperasserie, les outils, les courses, le poids du panier de lessive qui attend. Nous trouvons maintenant si facile de rester devant une boulangerie à humer le pain frais. Bien sûr, les odeurs réveillent le passé, mais elles éveillent aussi à la beauté du présent. Toute vie ne nous a pas déserté. En fait, peut-être n'avons-nous jamais si bien connu de notre existence la vraie vie. Nous pouvons maintenant faire avec, en mesurer les conséquences, nous griser de son sens.

Mais le présent est plus que gratitude. Il est urgence, urgence d'un genre qui nous pousse à faire plus que nous n'avons jamais imaginé pouvoir faire en une seule journée. Nous finissons par nous rendre compte que, pour la plupart, les gens sont soit au four toute la journée, soit assis à leur bureau toute la journée, sont derrière les enfants toute la journée, soit à faire la course dans la circulation toute la journée, soit à regarder fixement une horloge toute la journée. Pas nous. Nous de la prime vieillesse ou nous de la grande vieillesse. Nous allons d'un endroit à un autre parce que nous voulons y être ; parce que nous sommes heureux de pouvoir y être ; parce que nous savons qu'y être est pour nous un cadeau et une grâce, pas une corvée, pas un désagrément, pas une perte de temps. Nous traversons le temps en y laissant notre empreinte pour les temps à venir.

Nous nous mettons aussi, de façon différente, au diapason des empreintes laissées par ceux partis avant nous. Qui a construit le vieux banc dans le parc ? nous demandons-nous. Et, dans notre for intérieur, nous remercions ceux qui ont transporté la pierre, ceux qui l'ont taillée, ceux qui ont fixé le banc au sol dans du béton pour qu'il soit plus sûr pour les gens comme nous. Pour qu'il soit encore là des années durant.

Bien entendu, nous disons-nous, personne ne vit pour rien. Mais nous nous rendons compte avec un pincement au cœur que, jamais avant cet instant, nous n'avions pensé cela. Ah, vieillesse…

Toujours jusque-là une espèce de feu roulant de la vie qui nous faisait passer d'une chose à une autre, le présent est maintenant précisément ce qui nous fait ralentir le pas. Il nous retient parce que nous avons fini par prendre conscience, de la manière la plus intense peut-être, que nous avons un passé – ce point de discontinuité dans notre vie personnelle où a disparu ce qui, pensions-nous, serait toujours. À vrai dire, la puissance du présent tient à ce qu'il nous éveille au fait que le futur pourrait bien être de courte durée. Dix ans, avec un peu de chance. Cinq, à coup sûr. Demain, si telle est la volonté de Dieu.

Le présent nous rappelle maintenant constamment la valeur de ce qui va de soi. Nous pourrions ne plus emprunter ce parcours. Après ce voyage, combien y en aura-t-il encore ? Au fait, quelle importance ? Celui-ci a été si agréable. A été si merveilleux. Le nombre de ceux qui restent encore importe-t-il vraiment ? La seule raison pour laquelle on n'a jamais eu besoin de répéter quoi que ce soit a été de pouvoir enfin le vivre pleinement.

Le présent de la vieillesse, ces années dont nous enrichissons le présent, nous révèle l'invisibilité du sens. Tout dans la vie est riche de sens – à partir du moment où nous finissons par le voir, l'éprouver, le chercher. À partir du moment où nous entrons réellement en possession de la plénitude du présent. Nous cessons alors de considérer la vie comme acquise.

La vie est maintenant. Seulement maintenant. Mais lequel d'entre nous s'est un jour beaucoup arrêté à le remarquer ? Nous avons fait toutes ces années ce que nous avons fait parce que telles étaient alors les obligations de la vie. Mais la vie n'a maintenant simplement d'autre obligation que la vie. Ce que nous n'avons pas vécu à ce jour nous attend encore tranquillement. L'esprit de vie, le Dieu de vie attend derrière chaque instant. Chaque petit geste que nous faisons est censé nous mener plus avant dans sa substance. « Ceci, disait en tenant un gland la mystique Julienne de Norwich, contient tout ce qui fut. » Et elle avait raison. Ce minuscule jaillissement de vie contenait tous les éléments de toute vie dans le monde. L'instant, le maintenant de la vie contient tout ce que nous avons été et serons. Et il nous appelle maintenant à être cela dans toute sa plénitude, et même davantage.

Le présent est ce qui nous conduit au centre de nous-même en nous demandant : où étais-tu tout ce temps ? Comment as-tu omis cela, oublié ceci, négligé ce qui était de tout temps derrière l'instant ? Quand tu te précipitais au travail, comprenais-tu que le travail consistait à être co-créateur en ce monde ? Quand tu faisais l'amour, te rendais-tu compte que l'amour consistait en l'extase du divin dans la vie ? Quand tu étais blessé, rejeté, exclu, savais-tu que ton exclusion du cercle d'un autre était simplement censée t'amener à prendre conscience de la valeur et de la force de l'être ?

Le présent est l'ami de la vieillesse, pas son ennemi. Il nous inonde de vie, nous imprègne du sel de la vie. Il nous dispense temps et espace pour comprendre que, sans le passé, nous ne pourrions vraisemblablement pas vivre aussi bien l'instant présent.

~

L'un des fardeaux du présent est qu'il nous amène à nous en prendre à la fugacité du temps.

L'un des bienfaits du présent est qu'il nous amène à comprendre la fugacité du temps — à vivre, l'esprit pleinement épanoui.

~

GRATITUDE

« COMME LES FEUILLES SONT BELLES en vieillissant, écrit John Burroughs. Comme leurs derniers jours foisonnent de lumière et de couleur. »

Quand il y a peu à faire dans la vie, sinon bien vivre, la vie elle-même n'en devient que plus précieuse, que plus saisissante dans ses nombreuses expressions de beauté. Les coquillages sur la plage deviennent des objets artistiques, faits pour être collectionnés. Le vent qui souffle par une aride journée est une nouvelle révélation de la magnificence de la création. Le sourire d'un semblable nous relie à l'entière communauté humaine. Le problème est peut-être simplement que nous mettons si longtemps à être stupéfait par le pouvoir de l'ordinaire. Nous voyons, mais depuis peu. Nous entendons le monde autour de nous, mais partiellement. Nous percevons la symphonie de la vie, mais faiblement. Et puis soudain, quand rien ne s'interpose plus entre nous et le noyau tendre, aigre, brut de la vie pour l'obscurcir, le voici, bien vivant et radieux, droit devant nos yeux.

Nous sommes toute gratitude, mais trop souvent tardivement.

Dans un restaurant a pris place un groupe de jeunes, tous physiquement éprouvés d'une façon ou d'une autre. Une jeune femme palpe le profil – orbites, lèvres, nez, oreilles – de la jeune personne près d'elle. Puis elle incline la tête de côté, laisse échapper un rire cristallin de pur ravissement. « Tu es superbe ! dit-elle. Tout simplement superbe. »

La jeune femme qui a palpé le visage avec une si tendre délicatesse est aveugle. Sa tête est penchée vers l'arrière et l'on peut voir ses yeux vides, révulsés sous le front, qui forment une cicatrice. Elle n'a rien vu. Ou peut-être la vérité vraie est-elle qu'elle a appris à voir beaucoup mieux que la plupart d'entre nous. Peut-être a-t-elle su voir ce qu'auront jamais su voir bien peu d'entre nous, avec notre excellente vue et notre âme superficielle.

La scène nous donne tous à réfléchir : qu'est-ce qui, dans la perte d'une chose, nous rend tous conscient davantage de sa valeur ? Peut-être l'instinct de vie ne s'éveille-t-il en nous que lorsque cette chose nous manque.

Peut-être s'agit-il là de l'un des plus grands cadeaux de la vieillesse. Quand nous ne pouvons plus marcher aussi vite que nous en avions l'habitude, nous finissons par voir dans leur individualité toutes les fleurs, toutes les fissures du trottoir, tous les enfants croisés en chemin, à les voir tous plus clairement, les voir tous plus consciemment que jamais par le passé. À croire que l'un des offices du vieillissement est de nous donner la capacité de voir ce qui nous a échappé toutes les années passées.

Peut-être l'une des plus importantes dimensions du vieillissement est-elle de nous amener à comprendre qu'on ne doit pas considérer la vie comme acquise. La vie ne peut se dévorer – elle ne peut que se savourer. On la boit à petites gorgées, jusqu'à la dernière goutte.

Malheureusement, goûter et savourer ne sont pas le propre d'une société comme celle d'aujourd'hui, toujours à mettre les bouchées doubles. Nous passons notre vie dans la circulation de l'heure de pointe, à tambouriner sur le volant de la voiture. Même notre vie de foi obéit à un emploi du temps. Pas de « petites visites inopinées », pas de moment de méditation sur la berge d'un cours d'eau. Pas de longues conversations sur des problèmes spirituels ou des questions philosophiques avec de vieux amis. Nous sommes tous trop occupés à être vivants pour prendre le temps de bien vivre.

Maintenant, tout ça est bel et bien fini. En chaque perte et chaque limite à laquelle je fais face se présente une invitation à me plonger dans la vie plus profondément que je ne le faisais. Quand respirer se fait plus difficile, je discerne l'odeur de l'air – souvent pour la première fois depuis des années. Quand je vois me filer entre les doigts les journées, chacune devient davantage une aventure à condition que je la rende telle. Lorsque les gens qui me précèdent commencent à disparaître de ma vie à un rythme navrant, je me mets à causer davantage de sujets importants avec ceux qui m'entourent, de crainte de n'avoir pas assez de temps pour leur enseigner ce que j'ignorais moi-même auparavant.

Maintenant je commence à regarder en arrière, à aller chercher dans le souvenir ce que j'ai oublié toutes ces années passées à courir, à rassembler, à glaner, à troquer, à me débarrasser de gens et de choses en cours de route, sans réfléchir. Et, en me recueillant, je gagne moi-même assez d'âme pour enfin reconnaître la place de tous ces autres dans ma vie. À l'un, je dois l'exemple de rigueur dont j'avais besoin. À un autre, l'amour du travail qui a fait de ma vie une entreprise de créativité plutôt qu'un pensum. À un troisième, une introduction à la vie et à la manière de vivre avec enthousiasme et maturité.

Maintenant que j'ai froid plus facilement, j'accueille avec plus de plaisir la canicule estivale. Le vent d'hiver et la pluie cinglante me semblent davantage amicaux qu'inamicaux lorsque je m'installe bien confortablement avec une chaude couette et un bon livre. J'en viens, me semble-t-il, à me représenter l'automne davantage comme la promesse d'un autre printemps plus radieux que comme la morne, la triste fin de la vie.

~

L'un des fardeaux de devoir regarder en face ces années perdues est la crainte d'être passé à côté de l'essentiel de ma vie quand je la vivais en fonceur, au pas de course.

L'un des bienfaits de ces années est que j'arrive à apprécier non seulement le passé, mais aussi le présent d'une manière entièrement nouvelle.

~

FOI

« L'ON ESPÈRE DE VIEILLIR et l'on craint la vieillesse ; c'est-à-dire l'on aime la vie et l'on fuit la mort », écrit le moraliste Jean de La Bruyère (*Les Caractères*, De l'homme, n° 41).

Difficile de savoir ce que nous craignons le plus : la mort ou la vieillesse ? Il se pourrait fort que nous craignions pareillement la vieillesse et la mort ; parce que nous craignons la mort, nous acceptons cependant la vieillesse – de bien mauvaise grâce. Nous voulons en vérité être jeune parce que nous n'imaginons pas à quel point la vieillesse peut être merveilleuse. Nous voulons vivre parce que nous ne comprenons pas la mort, dont l'esprit dit qu'elle est des plus certainement une nouvelle, une autre forme de vie. Quoi que cela puisse être. Mais la nuit qui enveloppe ce « quoi que cela » freine nos pensées et nos émotions.

Elle découle de la conscience que, si compétente que je sois dans la vie – je sais tenir maison, j'élève bien mes enfants, j'occupe un poste d'influence –, viendra un moment où je me trouverai à mon tour affrontée à une réalité absolument indépendante de ma volonté. Je mourrai.

Qui plus est, je ne sais vraiment pas ce qui me sera alors demandé. Je n'ai pas idée de ce à quoi ressemblera ce moment. Je sais seulement que je serai seule. Je ferai ce bout de chemin sans compagnie, le parcourrai en solitaire, affronterai le plus grand péril de la vie sans gardiens, sans compagnons, sans soutien. Personne ne pourra venir avec moi dans ce tunnel qui débouche sur nulle part. C'est l'instant de total abandon.

Mais pas déjà. Pas avant que j'aie tiré de la vie chaque minute que je peux. Pas avant que je me sois battue pour chacune de mes respirations. Pas avant que j'aie davantage confiance qu'à présent dans le sens spirituel de ce moment de la vie. Pas avant que je saisisse que le Dieu qui m'a créée, qui m'a donné ma pleine stature, n'a pas fini de me faire grandir.

Le jugement dernier n'est pas tant ce que nous craignons. Oui, nous avons souvent eu des manquements ; mais nous avons fait la plupart du temps, pour la plupart d'entre nous, tout notre possible sous la pression de l'instant. Oui, nos manquements ont été légion, mais notre malice infime. Vrai, nous n'avons jamais été d'âme aussi incorruptible que nous l'aurions souhaité, mais nos efforts étaient réels. Aussi, malgré nos interrogations sur Dieu, sur la Vie, sur la Fin, avons-nous une certaine confiance en l'inconnu. Bien entendu, nous ne sommes pas sûr de savoir qui est Dieu, mais nous sommes sûr sans contredit de savoir qui ou quoi Dieu n'est pas.

Nous croyons aux idéaux. Il nous a souvent été difficile de choisir entre eux – quand l'un d'eux était en tension avec un autre –, mais nous avons cru et à la charité et à la justice, par exemple. Nous avons cru et à la loi et à la miséricorde, même quand nous penchions davantage pour l'une que pour l'autre. Et si nos efforts pour faire davantage, pour mieux faire, n'ont pas été aussi vigoureux qu'ils eussent pu l'être, nous n'avons jamais renoncé à essayer de vivre à l'intérieur des limites de l'excellence. Et s'il n'a jamais été vraiment dans notre nature d'être parfait sur tous les plans, nous avons cru.

Jusqu'à maintenant. Jusqu'à ce que les jours commencent à nous être comptés. Jusqu'à ce que nous nous réveillions un matin, persuadé que nous avions beaucoup plus de jours derrière nous que devant.

Le problème, c'est que nous ne sommes pas sûr d'avoir foi en la foi. Nous la mettons à l'épreuve de la seule manière que nous connaissions. Nous doutons même de l'avoir. Nous nous demandons si nous en avons assez. Nous nous demandons où est passée la foi que nous avions. Autrefois. Quand nous étions jeune. Et cette foi-là était-elle vraiment foi ? Ou superstition ? Et cette petite lubie tenace de faire la lumière sur ces questions invalide-t-elle la foi que nous avons, quelle qu'elle soit ?

Le paradoxe de cette lutte est que l'inconnaissance est ce en quoi consiste en fin de compte la foi.

L'un des objets de la vie est sûrement de nous amener à faire enfin confiance à l'univers, à reconnaître l'à-propos dans notre vie de son apparent chaos — les tempêtes hivernales, la torride chaleur estivale, l'agonie automnale. Mais cette sorte de grande, de totale confiance vient lentement. Et elle ne vient qu'à ceux et celles qui peuvent remonter loin en arrière et s'apercevoir que les tragédies se sont transformées en grâces. Au bout du compte.

Ce n'est qu'au passage des ans que nous avons tardivement, laborieusement commencé à comprendre qu'il y a de la grâce dans le cosmos. Avant que fût la technologie, Dieu était.

Nous cuisions les aliments avec le feu, en ce temps-là. Pas simplement dans les temps néandertaliens, mais aussi dans le nôtre. Nous salions la viande. Nous moulions le blé à l'aide du vent et de l'eau. Nous en sommes venu à saisir que nous avait été donné, en tant que race humaine et en tant que personne, tout ce dont nous avions besoin pour vivre et qu'il était possible de nous le procurer nous-même. Les aliments nous arrivaient frais, pas emballés sous vide. L'eau venait du cours d'eau, pas du robinet. La lumière venait chaque matin et nous dormions la nuit. Entre nous et les éléments, il y avait le miracle appelé Vie, et le Dieu qui rendait les éléments aussi réguliers que l'aube, aussi immuables que les montagnes. Nous avons fini par saisir qu'existe tout autour de nous une essentielle bienveillance qui nous soutient, nous porte.

Mais nous commençons à saisir que nous ne voyons encore que partiellement. Maintenant toutes ces prises de conscience affluent en notre âme, apaisent nos craintes de la nuit dont nous ne connaissons pas le terme.

Toute notre vie durant, comme de raison, nous avons exercé notre foi. Mais en des réalités tellement transitoires. Nous avons fait confiance à des banques qui ont déclaré faillite et des gouvernements qui nous ont menti. Nous avons mis nos espoirs en des diplômes qui se sont dépréciés, des postes qui ont été supprimés, l'argent qui n'a pas su nous satisfaire. Nous avons fait fond sur nous-même et appelé cela de la foi. Nous apprenons maintenant, alors que nos forces vitales commencent à décliner, qu'il nous faut prendre notre foi et la placer ailleurs.

Nous avons atteint maintenant les années où il nous faut commencer à lâcher prise. Posséder des biens, être aux commandes n'est plus désormais si important.

Ou, comme l'écrit au VIe siècle le philosophe syrien Philoxenos : « Est riche, non pas qui a de nombreuses possessions, mais qui n'a aucun besoin. »

~

L'un des fardeaux de ces années est que nous sommes tenté de nous penser à la merci d'un univers cruel dès le moment où nous ne sommes plus nous-même assez puissant pour imposer notre volonté au monde qui nous entoure.

L'un des bienfaits de ces années est que nous commençons maintenant à faire davantage confiance au Dieu vivifiant, que nous ne voyons pas, que nous avons fait confiance aux choses accessoires de la vie que nous avons vues venir sans garantie et partir sans préavis.

~

HÉRITAGE

« RIEN, écrit Sénèque, n'est plus honteux que la vieillesse chargée d'ans, sans autre preuve que son âge d'avoir longuement vécu. »

Une atmosphère presque insupportablement pénible flotte autour des tombes du soldat inconnu, des champs du potier, des corps non réclamés dans les morgues des villes. Mais ce qui nous y pèse si lourdement n'est pas que l'anonymat de la mort. C'est à coup sûr qu'une vie nous a été enlevée et que nous n'avons aucun moyen de savoir quel héritage elle laisse derrière elle.

Mais il y a une énorme différence entre laisser un héritage et laisser un « héritage ».

Dans la société moderne, laisser un « héritage » consiste ordinairement à spécifier la répartition, entre les héritiers, du patrimoine – de l'argent, dans la plupart des cas – selon les modalités décrites dans le document légal connu sous le nom de testament. Être mentionné dans un testament est un événement relativement rare pour la plupart des gens.

Pourtant les gens répètent à satiété combien la vie de la personne maintenant décédée les a enrichis. Le dénominateur commun de tous les morts – riche ou pauvre, homme ou femme, puissant ou petit – n'est ni le testament ni l'argent. C'est l'héritage spirituel, l'authentique enrichissement dont profite chacun de nous parce que sa vie a été touchée par ceux disparus les premiers.

Et ces héritages, qui ne sont pas du tout rares, nous relient à la fois à hier et demain.

Nous avons tendance à oublier que chacun de nous laisse un héritage, qu'il en ait ou non l'intention, qu'il le veuille ou non. Notre héritage, c'est la qualité des vies que nous laissons derrière nous. Ce que nous avons été restera gravé pour les années à venir dans le cœur de ceux qui nous survivent. Une seule question se pose : cultiverons-nous cet héritage vivant aussi scrupuleusement que les banquiers, les collecteurs d'impôts et les hommes de loi le font des testaments sur papier qui répartissent simplement des actions en bourse, des obligations, des polices d'assurance et des comptes d'épargne que peuvent faire disparaître les frais juridiques encourus ?

Que laissons-nous derrière nous ? Telle est la question qui révèle le timbre d'une vie.

Nous laissons derrière nous notre attitude à l'égard du monde. On se souvient de nous comme de quelqu'un qui a ou n'a pas inspiré aux autres l'amour de la vie et la franchise à tout son entourage. On se souviendra de nous pour nos sourires et nos froncements de sourcil, pour nos éclats de rire ou nos récriminations, pour notre bonté ou notre égoïsme.

Nous laissons derrière nous au monde entier le soin de découvrir quel système de valeurs anime toutes nos actions. Des gens qui ne nous ont jamais demandé directement à quoi nous tenions dans la vie n'ont pas douté un moment de ce dont il s'agissait. Ils savent si nous nous sentions concerné par la terre puisqu'ils nous ont observé quand nous fleurissions nos parterres — ou laissions les rebuts de garage empiéter sur ce qui aurait pu être un jardin. Ils savent ce que nous pensions des gens d'autres couleurs ou croyances par le langage que nous employions et les liens que nous tissions. Ils savent quelle était la profondeur de notre vie spirituelle par la façon dont nous traitions notre entourage, ce que nous pensions de la vie et ce à quoi nous avons voué notre existence.

Nous laissons derrière nous le souvenir de la manière dont nous traitions les étrangers, de la manière dont nous aimions les êtres les plus proches de nous, de la manière dont nous nous occupions de ceux qui nous aimaient, de la manière dont nous nous adressions à eux dans les moments difficiles, de la manière dont nous nous dépensions pour répondre à leurs besoins.

Nous laissons derrière nous un modèle de rapport avec Dieu dans nos points de vue mêmes sur la vie et la mort, sur le sens et la fin. Notre vie spirituelle personnelle est à la fois un défi lancé à ceux qui nous entourent et un secours dans les combats spirituels qu'ils mènent. Lorsqu'ils approchent eux-mêmes de l'instant de vérité, ils sont comme nous à la recherche de modèles de ce que signifie dépasser la théorie malgré le doute.

Notre héritage est beaucoup plus que notre valeur monnayable. Notre héritage ne se finalise pas le jour où nous mourons. Nous y avons ajouté à chaque instant de notre vie. Il est le couronnement du processus de vieillissement. Il est la principale tâche de ces années-ci. Dans cette période de la vie, nous avons et la clairvoyance et la sagesse de voir à ce que l'héritage soit tel que nous le voulons.

Si nous avons besoin d'effacer de vieux souvenirs et d'en créer de nouveaux, c'est le moment de le faire.

Si nous avons mené une vie qui manquait d'équilibre, plus tournée vers la consommation et l'accumulation de biens que vers le don, le partage, l'économie, voici les années où changer notre façon de vivre pour que les autres puissent vivre bien.

Si nous avons négligé le développement du spirituel au profit du matériel, nous avons maintenant le temps de reconsidérer ce que signifie être en vie, être plein de vie, tout aimer de la vie, être imbu de Dieu. Ces années pourraient être celles où notre esprit s'élève au-dessus de toutes les vieilles blessures, de toutes les vieilles mesquineries, triomphe de tous les préjugés enracinés qui nous ont empêché d'enrichir notre vie d'amis noirs, métissés, jaunes, rouges et blancs. Qui sont autres que nous sommes. Qui vivent différemment de nous. Qui ont beaucoup à nous apprendre sur les nombreuses autres façons d'être en ce monde.

Si nous sentons le besoin de réexaminer toutes les vieilles idées maintenant tellement inconciliables avec le monde qui nous entoure, si nous sentons le besoin de réexaminer même notre conception de Dieu, voici venue l'heure de nous consacrer aux vraies questions de la vie. Des questions qui ne sont ni les emplois ni l'argent, ni le prestige ni le rang, ni la supériorité ni l'arrogance.

Il est temps de nous demander à nous-même quel héritage nous laissons derrière nous. Parce qu'une chose est sûre : que nous y réfléchissions beaucoup ou pas du tout, tous ceux que nous connaissons y réfléchiront.

~

L'un des fardeaux de ces années est de céder à l'idée que notre développement spirituel n'est plus désormais d'aucun intérêt pour nous et de laisser ainsi au monde un héritage d'incomplétude.

L'un des bienfaits de ces années est que nous avons le temps de compléter en nous ce qui a été négligé toutes les années passées, pour que l'héritage que nous laissons aux autres soit à l'égal du plein potentiel en nous.

~

ÉPILOGUE
L'heure du crépuscule

Vieillis à mes côtés!
Le meilleur est encore pour demain:
De la vie, les dernières années,
  pour quoi les premières ont été;
Notre durée se trouve entre les mains
De Celui qui dit: « Un tout j'ai projeté,
Dont la jeunesse n'est que moitié.
À Dieu, fie-toi; vois le tout,
  ne sois pas effrayé! »

ROBERT BROWNING

SEAN MARCHE quelques kilomètres chaque jour, continue d'écrire et de faire de la recherche. Dès 6 heures du matin, Bill est au tertre de départ; le reste de la journée, il vaque à ses occupations d'agent immobilier. Chaque année, Dick et sa femme Willie font un voyage dans un nouveau coin du monde et, dans l'intervalle, se mettent au service de la communauté. Treva se rend encore tous les jours au chevet de malades. Annie et Sophie ne ratent jamais une partie de cartes. Mary Margaret fait de l'accompagnement spirituel à la prison. Aumônière en milieu hospitalier, Bernie parcourt des kilomètres de couloirs pour visiter les malades et consoler des familles qu'elle ne reverra jamais. Directrice financière, Maureen se rend au bureau pour gérer des centaines de milliers de dollars de revenus, année d'exercice après année d'exercice.

Ils forment un groupe impressionnant. Ils assurent la bonne marche du monde. Ils sont le pivot de leur famille, la voix de leur époque, la mémoire de leur groupe. Ce qu'il y a d'extraordinaire, cependant, c'est qu'aucun d'eux n'a rien d'exceptionnel. Les gens comme eux sont légion. Des millions d'autres individus exactement comme eux font chaque jour des gestes du même genre. Et ils ont tous, comme eux, entre 70 et 90 ans.

Ils sont bien portants et heureux, alertes et actifs, pleins de vie et très, très productifs. Mais ne vous méprenez pas : tous – comme chacun de nous –, ils ralentiront avant la fin.

Viendra alors l'heure du crépuscule, cet intervalle entre ici et là-bas, entre la Terre et l'éternité, où nous commençons à être davantage là-bas qu'ici. Où les préoccupations de ce monde pâlissent et où nous entreprenons de nous fixer ailleurs.

Cela ne veut pas dire que cette dernière période de la vie soit un temps d'inaction, un temps d'inutilité. Pas du tout.

Ce peut être le temps où, à la maison de retraite, à l'hôpital ou bien à la maison de convalescence, concentré comme un rayon laser nous voyons la vie – la nôtre et celle de tout un chacun – avec une acuité nouvelle et troublante. Nous commençons à comprendre des choses auxquelles nous n'avions même pas réfléchi auparavant – comme le sens du temps, la primauté de la beauté des choses, le pouvoir d'un simple toucher.

Puis, petit à petit, les vieux soucis s'estompent. Rien ne semble aussi important aujourd'hui qu'il semblait hier. Toutes ces choses-là aussi, nous le savons – toutes celles dont les exigences nous ont un jour dévoré — ne réussiront plus à nous passionner. Elles disparaîtront elles aussi un jour dans le creuset de la vie, seront réduites à néant.

Nous avons autrefois consacré notre vie à de pareilles choses et nous avons du mal à nous rappeler maintenant ce qu'elles étaient. Elles nous ont coûté des larmes et donné du tracas ; nous avons mis fin à des relations à cause d'elles et noué de nouvelles relations pour la même raison. Nous avons dédié notre vie à des choses dont nous savons maintenant qu'elles étaient des plus insignifiantes. Nous sommes en paix, maintenant.

La frénésie s'en est allée. L'agonie est commencée. La vie a fait de son mieux avec nous. Nous avons maintenant à réfléchir à des choses plus graves que celles qui nous dévoraient jusqu'alors. Nous devons plutôt maintenant nous figurer le moyen de dire au revoir à ceux qui refusent d'admettre que nous nous en allons. Nous devons déterminer la manière de vivre sous ce mode nouveau, paisible. Nous devons réveiller en nous assez d'énergie pour être présent, au moins une dernière fois, à ceux qui viennent nous être présents.

Mais notre travail à nous n'est pas encore terminé. L'heure du crépuscule, comme toutes les heures avant elle, n'existe pas sans raison. Elle a ses tâches, ses jougs, ses dons subtils à nous attribuer.

L'heure du crépuscule est l'heure de la confiance. Tout nous échappe maintenant. Nous avons bien employé nos dernières années. Nous avons vécu avec toute l'énergie dont nous disposions. Et nous devons maintenant compter sur cette heure d'absence totale d'énergie pour nous ouvrir d'une manière différente à notre entourage. Nous devons faire confiance à nos médecins, à nos aides-soignants, à notre situation et à notre passage. Nous devons nous laisser soigner, et espérer que les personnes qui s'en chargent reçoivent quelque chose de nous comme nous recevons d'elles.

Nous devons rassembler la patience que sollicite la souffrance, que requiert la respiration ou que nous imposent les horaires des autres. Nous devons nous vouer au processus du mourir un muscle à la fois, un instant à la fois.

Il y a de la place maintenant pour une nouvelle espèce de force, et pour la faiblesse qui la départage. Il faut de la force pour bien supporter ce que nous ne pouvons changer en rien.

Il y a une force, une nouvelle espèce de dignité associée au fait de bien supporter la faiblesse, qui permet de sourire quand il n'y a guère de quoi sourire selon les critères usuels, de croire que la mort est le passage obligé pour naître à une vie nouvelle.

Il est maintenant l'heure de s'abandonner à l'acceptation. Peut-être pour la première fois de notre vie d'adulte entrerons-nous dans une période de totale dépendance. On nous demandera d'accepter au lieu de résister, d'accueillir au lieu de contester, de croire au lieu de douter.

Il y aura encore d'autres conversations à avoir. C'est notre dernière occasion d'être honnête, d'être affectueux, d'être ouvert, d'être reconnaissant, d'être patient, d'être aimable, aimant et aimé.

Voici l'heure de se fondre en Dieu. Les paroles qui viennent à compter de maintenant seront des paroles sincères, des paroles pleines d'espérance. Cette heure marquera le point culminant de tout l'apprentissage de toutes les autres années. Le voile entre nous et l'éternité commencera à se déchirer, et nous entreprendrons de le traverser lentement, décidé, confiant, jeté tout contre le cœur de Dieu.

Nous savons maintenant que la vie est un tout. La première partie en a été bonne, si bonne. Pourquoi douterions-nous un instant que l'autre moitié le soit moins ?

Maintenant le Mystère est sur le point de se révéler. Maintenant les temps sont accomplis. Maintenant ils sont achevés. Maintenant ils ne font que commencer.

NOTES

1. McKinsey *et al.*, New York, <www.harpers.org/HarpersIndex 2006-10html>, consulté le 23 janvier 2007.
2. Nancy R. Hooyman et H. Asuman Kiyak, *Social Gerontology : A Multidisciplinary Perspective*, 6e édition, Boston, Allyn and Bacon, 2002, p. 28.
3. The 2005 National Health Interview Survey, <www.cdc.gov/nchdata/nhis/earlyrelease/200509_12,pdf>.
4. James Hillman, *The Force of Character : And the Lasting Life*, New York, Random House/Ballantine Books, 1999, p. 17.
5. Patricia Beattie Jung, « Differences Among the Elderly : Who is on the Road to Breman ? », dans Stanley Hauerwas, Carole Bailey Stoneking, Keith G. Meador et David Cloutier (dir.), *Growing Old in Christ*, Grand Rapids, MI, Wm. B. Eerdmans, 2003, p. 112-113.
6. Soldo et Manton dans E. B. Palmore, *Ageism : Negative and Positive*, 1990, dans « Ageism », Berkeley, University of Claifornia, <www.socrates.berkeley.edu/-aging/ModuleAgeism.html>, consulté le 11 février 2007.
7. Palmore, Crimmins, Saito et Ingegneri dans E. B. Palmore, *Ageism : Negative and Positive*, 1990, dans « Ageism », Berkeley, University of California, <www.socrates.berkeley.edu/-aging/ModuleAgeism.html>, consulté le 11 février 2007.
8. Palmore dans E. B. Palmore, *Ageism : Negative and Positive*, 1990, dans « Ageism », Berkeley, University of

California, <www.socrates.berkeley.edu/-aging/ModuleAgeism.html>, consulté le 11 février 2007.

9. Poon dans E. B. Palmore, *Ageism : Negative and Positive*, 1990, dans « Ageism », Berkeley, University of California, <www.socrates.berkeley.edu/-aging/ModuleAgeism.html>, consulté le 11 février 2007.
10. Gail Sheehy, *New Passages : Mapping Your Life Across Time*, New York, Random House/Ballantine Books, 1995, p. 373.
11. Hooyman et Kiyak, *op. cit.*, p. 19.
12. <www.archomaha.com/Patoral/FamilyLifeOffice/AgingMinistries/agingministries.html>, consulté le 2 février 2007.
13. Hooyman et Kiyak, *op. cit.*, p. 19.
14. U.S. Department of Labor – Women's Bureau, janvier 2005.
15. George E. Vaillant, M.D., *Aging Well*, New York, Little, Brown, 2002, p. 334-336.
16. Daniel Okrent, « Twilight of the Boomers », *Time*, 12 juin 2000.
17. Vaillant, *op. cit.*, p. 213.
18. Hooyman et Kiyak, *op. cit.*, p. 153.
19. Vaillant, *op. cit.*, p. 246.
20. Sondage Gallup 2006, <www.pollingreport.com>, consulté le 23 janvier 2007.
21. Sondage Associated Press 2005, <www.usatoday.com>, consulté le 26 janvier 2007.
22. Bill Wallace, « McNamara Comes Clean About the Vietnam War », *San Francisco Chronicle*, <www.sfgate.com>, consulté le 12 février 2007.
23. Population Profile of the United States, U.S. Census Bureau, 2000.
24. Vaillant, *op. cit.*, p. 215-216.

REMERCIEMENTS

Je suis reconnaissante aux personnes dont les travaux sont cités dans ce livre, tant pour la précision de leurs recherches sur le vieillissement que pour leur apport à cet important sujet d'étude. Grâce à elles et à d'autres personnes comme elles, la société sera en mesure comme jamais auparavant de profiter de l'expérience, de la créativité et de la sagesse des gens plus âgés.

Je suis toujours et à jamais reconnaissante à celles qui, par leur soutien indéfectible à cette entreprise, assurent rationalisation et qualité constantes à l'organisation, la saisie et la présentation du manuscrit. À ce titre, il faut mentionner Susan Doubet, o.s.b., qui prépare le manuscrit, en relève et vérifie chaque détail ; Marlene Bertke, o.s.b., dont le travail de révision est impeccable ; et Maureen Tobin, o.s.b., qui coordonne à long terme chaque facette du processus d'écriture et le rend possible.

Je suis plus spécialement reconnaissante aux lectrices et lecteurs dont l'expérience de vie a donné direction et profondeur à cet essai. Ces personnes issues de différents milieux ont comparé les idées exprimées ici à leur situation et leur bagage personnels, et notablement infléchi la forme définitive du texte. Parmi ces lecteurs critiques, mentionnons Helen Boyle, le révérend Fred Burhna, la révérende Joan Brown Campbell, Mary Delaney, le docteur Jack Delaney, le docteur Gail Glossman Freyne, Russ et Kathy Peace, le docteur Sara Pitzer, Sue Pucker, Teresa Wilson et les femmes de Pilgrim Place, sans oublier mes sœurs bénédictines Carolyn Gorny-Koplowski, o.s.b., Mary Lou Kownacki, o.s.b., Rosanne Loneck, o.s.b., Anne McCarthy, o.s.b., Mary Miller, o.s.b. et Ellen Porter, o.s.b.

Enfin, je suis particulièrement reconnaissante à Denise Robison, anciennement sous-secrétaire du Pennsylvania Department of Aging et toujours membre du Pennsylvania Council on Aging. La formation professionnelle, les connaissances et le présent engagement de Denise en ce domaine ont assuré un haut degré de compétence et de validation à l'exactitude des données et idées présentées dans le manuscrit.

Si j'ai échoué de quelque façon à être à la hauteur de toutes leurs suggestions et intuitions, qu'on me tienne seule responsable des faiblesses qui, de ce fait, peuvent s'être glissées dans le texte.

Par-dessus tout, je suis reconnaissante à toutes les personnes plus âgées présentes dans ma vie qui m'ont amenée à reconnaître et apprécier le rôle de la génération des sages dans la vie de tous.

TABLE DES MATIÈRES

L'intérieur de ce livre a été imprimé au Québec en août 2009
sur du papier entièrement recyclé
sur les presses de l'Imprimerie Gauvin.

FSC
Sources Mixtes
Groupe de produits issu de forêts bien gérées et d'autres sources contrôlées.
www.fsc.org Cert no. SGS-COC-2624